中國古代地理總志叢刊

括地志輯校

〔唐〕李泰等撰

賀次君輯校

中華書局

圖書在版編目(CIP)數據

括地志輯校/(唐)李泰等撰;賀次君輯校. —北京:
中華書局,1980.2(2025.1 重印)
(中國古代地理總志叢刊)
ISBN 978-7-101-04528-4

Ⅰ.括… Ⅱ.①李…②賀… Ⅲ.歷史地理-中國-
唐代 Ⅳ.K928.642

中國版本圖書館 CIP 數據核字(2005)第 014797 號

責任美編:周 玉
責任印製:韓馨雨

中國古代地理總志叢刊
括地志輯校
〔唐〕李 泰 等撰
賀次君 輯校
*
中 華 書 局 出 版 發 行
(北京市豐臺區太平橋西里 38 號 100073)
http://www.zhbc.com.cn
E-mail:zhbc@zhbc.com.cn
河北博文科技印務有限公司印刷
*
850×1168 毫米 1/32 · 9¾印張 · 2 插頁 · 165 千字
1980 年 2 月第 1 版 2025 年 1 月第10次印刷
印數:14501-15000 册 定價:45.00 元

ISBN 978-7-101-04528-4

前言

括地志五百五十卷，序略五卷，是唐初魏王李泰主編的一部規模巨大的地理書。它吸收了漢書地理志和顧野王輿地志兩書編纂上的特點，創立了一種新的地理書體裁，爲後來的元和郡縣志、太平寰宇記開了先河。

魏王李泰是唐太宗第四子，以「好士愛文學」知名，受到太宗的寵愛，特許他在府中設置文學館，並可自行引召學士講習學問。貞觀十二年（公元六三八），他根據司馬蘇勗的建議，奏請編撰「括地志」，被太宗批准。於是奏引著作郎蕭德言、秘書郎顧胤、記室參軍蔣亞卿、功曹參軍謝偃等人擔任編撰。他們用了五年時間編撰成書，于貞觀十六年（公元六四二）表上。

括地志根據的藍本是序略所提到的「貞觀十三年大簿」。唐高祖時代，行政區劃基本上因襲隋舊，雖然也曾因時制宜，作過少數的廢減分合，却仍多不實。貞觀十三年（公元六三九），政治經濟趨於穩定，中央集權的封建國家呈現着繁榮景象，爲了適應形勢的需要，唐朝政府對全國政區進行了全面調整。上述「大簿」就是關於這次調整的比較翔實可靠的原始記録。當時定簿，將全國劃分爲十道、三百五十八州，諸州之中包括了四十一個都督府，共統一千五百五十一縣。次年平高昌，又增兩州六縣。這是唐朝全盛時代的行政區劃狀況，括地志以此爲綱，全面叙述了政區的建置沿革，並兼記山岳形勝、河流溝渠、風俗物産、往古遺跡，以及人物故實等等。中唐以後，吐蕃據有河湟，方鎮割據，河、朔亦成化外，邊遠州縣有些只存虚名，甚至連方位也搞不大清楚。所幸括地志序略給我們提供了這方面的記載。我們把「貞觀十三年大簿」所列十道和州縣以及都督府的隸屬、位置，與通典、新、舊唐書地理志比勘，其間出入往往很大，而括地志序略究竟是實録，可以補正通典及史志的闕誤。可惜的是，全書在南宋時已經亡佚。

唐張守節作史記正義，主要依靠括地志以解釋古代地名，其他唐、宋人的著作，也多徵引括地志作地理方面的疏證銓解。這本書在未散佚前，得到廣泛的應用，散佚以後又被各家轉相鈔引，這反映了它的内容價值。我們現在把它的殘文遺句搜集攏來，加以整理，用備研究我國上古和中古地理的參攷資料。

清嘉慶二年（公元一七九七），孫星衍曾就唐、宋人徵引的括地志遺文輯爲八卷，刻在岱南閣叢書中，那是括地志最初也是唯一的輯本。後來黄奭漢學堂叢書、朱記榮槐廬叢書等，都把孫輯八卷括地志重刻在内，惟朱記榮刻本後面附有陳其榮補輯五條，另外曹元忠南菁札記也補輯了數條，這就是前人對於括地志輯録工作的情況。但括地志遺文不爲以上諸家所搜的也還有，再加補輯，並無困難，重要的還是在分辨遺文的真假，以及如何編排整理。

孫星衍的輯本雖然費力不少，作出了一定成績，却不能讓人滿意。首先他没有認識到序略是括地志的總綱，三百五十八州是按十道排比，都督府也是常州，與下列各州不皆有隸屬的關係，岑仲勉在括地志序略新詮裏給他指出了。其次是括地志遺文絶大部分輯自張守節史記正義，而正義引用括地志是從需要出發，有删節不當，或過于省略的情況，甚至在引括地志文中夾引他書，與自己的按語牽連在一起，必須仔細分别。再者，今本史記正義由于長期的傳寫翻刻，錯脱譌衍觸目皆是，必須認真校正。而孫輯對於上述問題往往將錯就錯，這就增加了讀者的困惑。有的甚至不加分析稽考，給輯文添字足句，造成嚴重錯誤，如史記魏世家「秦固有懷、茅」，正義「括地志云懷州獲嘉縣東北二十五里」。這是正義引括地志删節太甚，若與史記本文對看還勉强可以理解，若單獨爲一條就不知何所云然了。孫輯以此文不全，遂增「故懷城在」四字于「懷州」上，却未察覺到這是括地志説茅的地望，懷城自在懷州武陟縣，且已輯録在前了。這些問題在孫輯八卷中並非個别的，是不應該，又完全可以避免的，不然的話，將如古人所説良田長蓬草，金沙含泥礫，這樣的良田與金沙，又有甚麽值得珍貴的呢！

括地志既被唐、宋人廣泛應用，于是輾轉鈔引，錯謁相承，致使面目全非，難以規復舊觀了。它是盛唐時期的疆域志，它的道、州、縣和都督府的分配，州、縣的隸屬和名稱，都反映着時代的特點，所以唐、宋人又叫它「貞觀地志」。元和郡縣志是唐憲宗李純（公元八〇六——八二〇）一代的建制，唐書地理志是晚唐的區劃，都和括地志有些不同。貞觀以後的人引用括地志，不大重視原文的州縣名稱，有意的修改原文。張守節是開元時人，去括地志成書已一百六十多年，他作史記正義引括地志，就把原來的名稱，換成開元時的名稱了。如貞觀十三年定簿時，河東道有吕州、泰州、虞州，吕州有霍邑縣和趙城縣，吕州廢後二縣劃歸晉州；泰州有龍門縣，泰州廢後縣屬絳州；虞州有解縣和安邑縣，虞州廢後縣均改屬蒲州。他如河北道觀州，河南道穀州、戴州、齊州等，俱因州廢縣亦改隸他州。單是縣名改變的，如夔州人復縣，貞觀二十三年（公元六四九）更名奉節縣；豫州郾城縣，武后天授二年（公元六九一）分置西平縣。觀、穀等州名不見引于括地志，而奉節、西平却見括地志遺文中，無疑是爲張守節所更易。至如定州恒陽縣，憲宗元和年間改名曲陽縣；齊州祝阿縣，玄宗天寶時改名禹城縣，俱在張守節以後，却出現在正義引括地志裏，又是後來讀史記正義的人改的。宋朝人徵引括地志，把唐時的名目改爲宋朝的稱呼，在羅泌路史中，括地志的雍州則換爲永興路了。像這些舊名更現稱，是爲了當時讀者的方便，不能算錯，但我們輯録括地志，就必須依照序略所列貞觀十三年的名稱完全改正過來。

今所輯録，是在孫星衍原輯本的基礎上重新搜集的。序略置于卷首。遺文依序略所排列的次序，分成四卷。

張守節完全依據括地志注釋古代地名，括地志則因其徵引得以部分保存。今搜集的十之八九來至史記正義，惟現傳本史記的正義不全，我們從日本史記會注考證引古本史記正義補輯了一些。晚唐及北宋人是得見括地志原書的，通典、初學記、太平御覽、太平寰宇記、長安志、大藏音義等書所引的，都在張守節引的範圍之外，是頗足珍貴的。宋南渡後，括地志全書散佚，南宋作者不及見，如輿地紀勝、玉海、詩地理考、通鑑地理通釋、路史等書，雖皆稱引括地志，實際上是從史記正義和唐及北宋人類書中轉鈔的。元胡三省注通鑑，解釋上古及漢地名，差不多全依史記正義，其中引括地志的，比今本史記正義多出十餘條，錯誤也少，那是因爲胡三省所見史記正義較爲完善的緣故。明郎瑛七修類藁、顧祖禹讀史方輿紀要，又從明本史記正義鈔來，且節略太甚，錯誤更多，今不輯録。

現在我們搜輯的比孫輯多幾十條，但離原著五百五十卷、序略五卷的分量相距太遠，且皆斷章摘句，面目盡非。這些雖是括地志的殘篇斷簡，却包括了整部史記的地名解釋在內，從研究史記和歷史地理來説，仍然不失爲重要的參攷資料。對序略和遺文，我們都注明出處，加了標點，作了些文字上的校勘。我國學者在歷史地理上有某些争論，原著的是非得失，由讀者自己去評斷。至于排列不當，校勘錯誤的，是由于學力有限，請讀者指出，以便改正。

史記正義和引見史記本文，根據中華書局二十四史標點本史記，這本子正義較全。又古籍徵引括地志，或稱「魏王泰坤元録」，或稱「貞觀地記」，又稱「魏王地記」、「括地象」等。名稱雖有不同，比較其內容則完全一樣，這裏所輯録的仍照原引名目，不加更改。

賀次君

括地志輯校目録

括地志輯校卷首

序略

初學記卷八州郡部引。

魏武輔正，吴、蜀三方鼎峙，疆埸不定，漢建安中置郡十二，新興、樂平、西平、新平、略陽、陰平、帶方、譙郡、樂陵、章武、南(陽)〔鄉〕、襄(陵)〔陽〕是也。又省上郡、朔方、五原、雲中、定襄、漁陽、廬江等七郡。按南陽爲西漢舊郡，非東漢末新置，當是「南鄉」；「陵」字當作「陽」，並據晉書地理志改正。

文帝受禪，又置七郡，朝歌、陽平、弋陽、魏興、新城、義陽、安豐是也。明帝置六郡，平公孫(度)〔淵〕得遼西、遼東、帶方、玄菟、樂浪，又置上庸一郡。少帝又置平陽一郡，並得漢郡國五十四。平蜀得二十郡。劉備初置郡九，巴東、巴西、梓潼、江陽、(文)〔汶〕山、漢嘉、朱提、(雲南)〔宕渠〕、涪陵，並得漢舊巴郡、廣漢、犍爲、牂柯、越嶲、益州、漢中、永昌、南安、武都、〔蜀郡〕是也。按「度」當作「淵」，據三國魏志明帝紀改。「汶」字據晉書地理志改。雲南郡蜀後主置，晉志劉備九郡有宕渠而無雲南，今依改。此云平蜀得二十郡，今只十九，蓋漏列蜀郡，今增。

晉太康平吴之後，天下一統。平吴得四州，交、廣、荆、揚也；郡四十三，孫權置臨賀、武昌、朱崖、新安、廬陵五郡，孫亮又置臨川、臨海、衡陽、湘東四郡，孫休置天門、建平、建安、合浦四郡，孫皓置始安、始興、邵陵、安成、新昌、武平、九德、吴興、東陽、桂林、滎陽等十一郡，因立宜(陽)〔都〕一郡，並漢十八郡，合四十三郡。凡十六州，太康地記曰司、冀、兖、豫、荆、揚、徐、青、幽、并、雍、涼、梁、益、交、廣是也。按水經江水注引地道記及太康地理記並説吴分南郡立宜都郡，「宜陽」當作「宜都」，今改。晉自蕩陰敗後，羌、羯交侵，至于劉曜陷洛陽，於是司、冀、雍、涼、青、并、兖、豫、幽、平、秦、(營)〔寧〕十二州，並淪没矣。按「營」當爲「寧」，據晉志改。

後魏孝文帝都洛陽，開拓土宇，明帝熙平元年凡州四十六，鎮十二，郡國二百八十九矣。天平年凡州六十八，至武定年凡州一百一十一，郡五百一十九。周明帝受魏禪，至大象二年，凡州二百一十一。隋文帝受周禪，至開皇三年罷天下郡，其縣但隸州而已。九年平陳已後，四海一家，大業三年罷州爲郡，四年大簿凡郡國一百八十三。

貞觀十三年大簿，凡州三百五十八。雍、華、同、宜、岐、隴、豳、涇、寧、鄜州都督府、坊、延、原〔州〕都督府、靈州都督府、丹、夏〔州〕都督府、銀、鹽、勝州都督府、綏、慶、(家)〔豐〕、按雍至豐三十二州屬關内道。原州都督府、夏州都督府兩「州」字原脱，據舊唐書地理志補。唐無「家州」，「家」當作「豐」，據元和郡縣志卷五關内道豐州條改。蒲、虞、汾、絳、泰、晉、隰、慈、吕、石、潞州都督府、沁、韓、澤、代州都督府、忻、朔、蔚、雲、并州都督府、箕、嵐、按蒲至嵐二十二州屬河東道。懷、相州都督府、魏、黎、衞、洺、邢、(霸)〔貝〕、博、冀、德、觀、深、瀛、滄、定、恒、(并)〔井〕、幽、易、嬀、檀、平、(明)〔趙〕、營州都督府、(遼)〔燕〕、師、昌、崇、慎、威、 按懷至威三十一州屬河北道。「霸」當作「貝」，據舊唐書地理志河北道貝州條改。河東道已有并州都督府，河北道不應又有并州，據隋書地理志恒山郡井陘縣及元和郡縣志恒州井陘縣條改作「井」，并、井形近致誤。「明」當作「趙」，據舊唐書地理志河北道趙州條改。「遼」當作「燕」，據岑仲勉括地志序略新詮改。虢、陝、穀、唐、兗、陳、潁、徐州都督府、滑、泗、譙、豫、亳、密、青、濟、濮、萊、齊州都督府、淄、宋、鄆、許、戴、曹、海、沂、洛州都督府、鄭、汴、汝、按虢至汝三十一州屬河南道。襄、夔州都督府、萬、開、隨、硤、蓬、鳳、忠、渠、通、集、興、利、温、復、合、鄧、歸、荆州都督府、梁州都督府、均、静、金、巴、商、洋、渝、房、壁、按襄至壁三十州屬山南道。(閬)〔隆〕、始、梓、資、嘉、陵、果、遂州都督府、益州都督府、綿、(大)〔炎〕、榮、眉、雅、普、翼、茂州都督府、簡、向、塗、戎州都督府、瀘州都督府、巂州都督府、冉、笮、維、徹、穹、郎、協、曲、褒、靡、徽、姚、髳、(州)〔卭〕、匡、宗、尹、曾(州)、檠、鈎、昆、 按隆至昆四十四州屬劍南道。唐高祖李淵武德元年改隋巴西郡置隆州，先天元年玄宗李隆基即位，因避諱改名閬州，見舊唐書地理志，在括地志應是隆州，今改正。「大」爲「炎」字的爛脱，據舊唐書地理志改。「徽」字舊唐書地理志同，新唐書地理志及太平寰宇記七十九作「微」。「州」當作「卭」，依岑仲勉考訂改。各本「曾」下有「州」字，應衍。陽、光、蘄、申、壽、昌、濠、廬、沔、(荆)〔舒〕、揚州都督府、滁、楚、和、安州都督府、黃、按陽至黃十六州屬淮南道。前河北道已有昌州，爲契丹十七州之一。此淮南道昌州無考。「荆」當作「舒」，據舊唐書地理志改。秦州都督府、成、武、渭、蘭州都督府、河、鄯、廓、岷、儒、洮、宕、臺、橋、涼州都督府、肅、甘、瓜、沙、伊、芳、文、松州都督府、扶、崌、巖、奉、雅、叢、遠、其、生、諾、直、都、闊、出、嵯、懿、可、湊、般、鐘、匐、厥、器、調、流、邇、率、序、淳、軌州都督府、嶂、（津）〔肆〕、（立）〔位〕、玉、彭、祐、蛾、疊州都督府、龍、會、按秦至會六十三州屬隴右道。唐無「津州」，舊唐書地理志松州都督府所督二十五州有肆州，貞觀五年處降羌置，新唐書地理志羈縻州松州都督府所管有版的十四州亦有肆州，卽此，誤刻作「津」，今改作「肆」。位州亦貞觀初處降羌置，字譌爲「立」，今改。潭州都督府、費、江、涪、鄂、郢、潤、施、（郎）〔朗〕、岳、黔州都督府、睦、括、常、撫、郴、台、饒、虔、衡、永、邵、連、婺、道、吉、越州都督府、洪州都督府、袁、杭、宣、湖、蘇、歙、辰、巫、南、夷、應、琰、莊、牂、充、播、牢、（恩）〔思〕、按潭至思四十六州屬江南道。舊唐書地理志江南道有朗州，武德四年置，天寶元年改爲武陵郡。諸史拾遺卷二云：「『郎』當作『朗』，避宋諱缺筆，後訛爲『郎』。」「郎」當作「朗」，今改。「恩」當作「思」，據舊唐書地理志改。高州都督府、循、建、振、昭、韶、廣州都督府、羅、（崖）〔邕〕州都督府、繡、（辨）〔辯〕、端、新、春、潘、竇、（邕）〔富〕、潮、賀、封、梧、蒙、（卽）〔柳〕、瀧、桂州都督府、廉、賓、藥、泉、欽、橫、貴、藤、象、交州都督府、儋、雷、峯、融、容、愛、龔州都督府、鷰、澄、（濱）〔演〕、白、景、林、義、智、驩州都督府、（儋）〔瓊〕、崖州是也。按高至崖五十三州屬嶺南道。崖州乃常州，非都督府，見後。嶺南道有邕州都督府，開元時尚存，見舊唐書地理志及元和郡縣志，此「崖」字當作「邕」，今改。「辨」，舊、新唐書地理志俱作「辯」，今從之。邕州都督府已見上，此「邕」當作「富」，依岑仲勉説改。「卽」爲「柳」之誤，唐柳州自貞觀置後終唐之世未嘗中廢，蓋卽與柳字形相似而誤，今改正。前已有賓州，此「濱」爲「演」字誤，據岑仲勉考訂改。凡縣一千五百五十一，至十四年西克高昌，又置西州都護府及庭州並六縣，通前凡三百六十州，依叙之爲十道也。按初學記無善本，今據清嚴可均依宋大字本校稿，參照明徐守銘刻本輯録，但唐初三百六十州名仍多錯誤，兹據舊、新唐書地理志、元和郡縣志、太平寰宇記校正。

括地志輯校卷一

雍州

萬年縣

南陵故縣在雍州萬年縣東南二十四里。漢南陵縣，本薄太后陵邑，陵在東北，去縣六里。史記外戚世家「葬南陵」張守節正義引。

霸陵，漢文帝陵，在雍州萬年縣東二十里。霸陵，故芷陽也。漢晉春秋云：愍帝建興三年，秦人發霸、杜二陵，珠玉綵帛以千萬計。帝問索琳曰：「漢陵中物，何乃多耶？」對曰：「天子卽位一年而爲陵。天下貢賦三分之，一供宗廟，一供客，一充山陵。武帝享年既久，比崩后，茂陵不復容物，赤眉賊不能減半，今猶有朽帛委積，珠玉未盡。此二陵，是儉者也。」史記孝文本紀「霸陵山川因其故」日本史記會注考證補正義引。

霸陵卽霸上，在雍州萬年縣東北二十五里。史記絳侯周勃世家「宗正劉禮軍霸上」正義引。

杜陵故城在雍州萬年縣東南十五里。漢杜陵縣，宣帝陵邑也，北去宣帝陵五里。廟記云故杜伯國也。史記高祖本紀「從杜南入蝕中」正義引。

終南山，一名中南山，一名太一山，一名南山，一名橘山，一名楚山，一名泰山，一名周南山，一名地肺山，在雍州萬年縣南五十里。史記夏本紀「終南敦物」正義引。又宋王應麟詩地理考卷二終南，卷三南山引作「終南山，一名南山」。

畢原在雍州萬年縣西南二十八里。史記魏世家「武王伐紂而高封於畢」正義引。

周文王墓在雍州萬年縣西南二十八里原上。史記周本紀「西伯崩」正義引。

周武王墓在雍州萬年縣西南二十八里畢原上。史記周本紀「武王有瘳後而崩」正義引。

秦故胡亥陵在雍州萬年縣南三十四里。史記秦始皇本紀「二世皇帝葬宜春」正義引。

秦宜春宮在雍州萬年縣西南三十里。宜春苑在宮之東，杜之南，始皇本紀云葬二世杜南宜春苑中。史記司馬相如列傳「還過宜春宮」正義引，又宋王應麟玉海卷一百五十五宮室一引。

滻水卽荆溪、狗枷之下流也，在雍州萬年縣。史記封禪書長水正義引。

長安門故亭在雍州萬年縣東北苑中，後館陶公主長門園，武帝長門宮，皆以此立名。史記封禪書「文帝出長門」正義引。又通鑑卷十五漢文帝紀「又於長門道北立五帝壇」元胡三省注引作「長門亭在雍州萬年縣東北苑中」。

軹故亭在雍州萬年縣東北十六里苑中。史記蘇秦列傳「夫秦下軹道」正義引。又史記高祖本紀「降軹道旁」正義引，通鑑卷九漢高祖紀「降軹道旁」注引「軹故亭」作「軹道」。

漢霸昌廄在雍州萬年縣東北三十八里。史記梁孝王世家「還至霸昌廄」正義引，通鑑卷十五漢景帝紀「還至霸昌廄」注引。

鎬在雍州西南三十三里。史記周本紀「而作豐邑」正義引。

長安縣

長安故城在雍州長安縣西北(三)十〔三〕里。漢之舊都，本秦離宮。長安，故咸陽也。宋王應麟通鑑地理通釋卷四漢都引。按三十里，據史記范雎蔡澤列傳「范雎得見於離宮」正義及元和郡縣志卷一「京兆府長安縣」條改作「十三里」。

按史傳所載長安之名舊矣。又盧綰封之初，項羽未滅，蓋長安得名，非始于漢，但未詳所在耳。及高祖入關，乃取長安以名縣也。司馬遷云：「長安，故咸陽縣。」據當時之名，因終說其事，非封盧綰之日改咸陽爲長安矣。又按史記，趙亦有長安君，未詳趙取嘉名，將更有長安地名也。宋宋敏求長安志卷十二長安縣引。

按今縣界兼有周鎬京及杜伯國之地。鎬京在今縣治西北十八里鎬池是，杜伯國在今縣治東南九里下杜故城是。長安志卷十二長安縣引。

周武王宮卽鎬京也。皇甫謐帝王世紀曰：「武王自酆居鎬，諸侯宗之，是爲宗周。」今灃水之東長安之南三十里，去酆二十五里鎬池，卽其故都也。長安志卷三宮室一周引。

下杜故城在雍州長安縣東南九里，古杜伯國。史記秦本紀「初縣杜」正義引，又通鑑卷二十四漢昭帝紀「率常在下杜」注引。

下杜故城，蓋宣王殺杜伯以後，子孫微弱，附於秦，及春秋後武公滅之爲縣。漢宣帝時修杜之東原爲陵曰杜陵縣，更名此爲下杜城。長安志卷十二長安縣引。

豐水源在雍州長安縣西南灃谷。史記封禪書「長水灃澇」正義引。

豐水北經靈臺西，文王引水爲辟雍靈沼，今悉無復處所，惟靈臺孤立。按今靈臺高二丈，周迴百二十步。長安志卷三宮室一引，又玉海卷一百六十二宮室臺引。按「豐水北經」以下十六字，據水經渭水注增。

滈水源出雍州長安縣西北滈池。酈元注水經云：「滈水承滈池，北流入渭。」今按滈池水流入永通渠，蓋酈元誤矣。史記秦始皇本紀「爲吾遺滈池君」正義引，又詩地理考卷三鎬京引無「今按滈池水」以下十五字。

注水經云：鎬水西逕磁石門注于渭。今按鎬池水又北流入永通渠，不至磁石門，亦不復入渭矣。今圖經滈水在縣西四十里，其水自鄠縣界入本縣界十里入清渠。長安志卷十二長安縣引。按「注水經云」以下十四字據水經渭水注增。

豐、鎬二水皆已堰入昆明池，無復流派。玉海卷一百七十一宫室苑囿引。

昆明池在雍州長安縣西十八里。玉海卷一百七十一宫室苑囿引。

豐水渠今名賀蘭渠，東北流注交水。長安志卷十二長安縣引。

漆渠，胡亥築阿房宫開此渠，而運南山之漆。長安志卷十三咸陽縣引，又同卷一條引作「胡亥將運南山之漆而開此渠。」

秦阿房宫亦曰阿城，在雍州長安縣西北一十四里。史記秦始皇本紀「先作前殿阿房」正義引，又通鑑卷七秦始皇帝紀「先作前殿阿房」注引。

三秦記云：「龍首山長六十里，頭入渭水，尾達樊川。」今按山首在長安城中，自漢築長安城及營宫殿，咸以堙平，其餘卽今宫城之太倉以東是也。長安志卷十二長安縣引。按「三秦記」以下十九字録長安志文。

彪池，今按其池周十五步。長安志卷十二長安縣引。

虎圈，今在長安城中西偏也。史記孝武本紀「唐中數十里虎圈」正義引。

未央宫在雍州長安縣西北十里長安故城中，近西南隅。長安志卷三宫室一引，又通鑑卷十一漢高帝紀「蕭何治未央宮」注引無「近西南隅」四字。

漢明堂在雍州長安縣西北七里長安故城南門外也。關中記云：「明堂在長安城南門外，杜門之西。」長安志卷五宮室三引。

漢圓丘在長安治內四里居德坊東南隅。長安志卷五宮室三引。

漢長樂宮在長安縣北故城中。通典卷一百七十三州郡三引魏王泰坤元録，又玉海卷一百五十五宮室宮引坤元録。

壽宮、北宮，皆在雍州長安縣西北(三)十〔三〕里長安故城中。漢書云：「武帝〔置〕壽宮以處神君。」史記孝武本紀「又置壽宮北宮」正義引，又通鑑卷二十漢武帝紀「置酒壽宮」注引。按「十三」誤倒爲「三十」，據元和郡縣志改。據漢書郊祀志補「置」字。

北宮在雍州長安縣西北十三里，與桂宮相近，在長安故城中。史記外戚世家「唯獨置孝惠皇后居北宮」正義引。

蒲萄宮，以太歲厭勝所在，舍之北宮。長安志卷四宮室二引。

鈎弋宮在長安〔故〕城中，門名堯母門。史記外戚世家「鈎弋夫人」正義引。按據元和郡縣志卷一補「故」字。

建章宮在雍州長安縣西〔北〕二十里，長安故城西。史記孝武本紀「于是作建章宮」正義引，又滑稽列傳「建章宮後閣重櫟中有物出焉」正義，又玉海卷一百五十六宮室二引，又通鑑卷二十一「於是作建章宮」注引。按滑稽列傳正義作「西北」，餘均脱「北」字。

神明臺在長安西北二十里，長安故城(中)西，漢建章宮有神明臺。玉海卷一百六十二宮室臺引。按「中」字衍，據元和郡縣志刪。

漸臺在長安故城中。關中記云：「未央宮西有蒼池，池中有漸臺，王莽死于此臺。」史記佞幸列傳「覺而之漸臺」正義引。

既去就車而之漸臺，雖未央、建章複道相屬，但漢兵既迫，不應駕車踰城，此卽非建章漸臺明矣。然則未央、建章似各有漸臺，非一所也。長安志卷三宮室一引。

柏梁臺在雍州長安故城中。玉海卷一百六十二宮室臺引。

昆明觀在雍州長安縣西二十里。黄圖上林苑有昆明觀。玉海卷一百六十六宮室觀引。

三秦記云：「御粟苑出粟，十五枚一升，大梨如五升，落地則破。其取梨先以布囊承之，號曰含消。」臣泰按：其粟味甘而小，不如三秦記所説。含消梨，人間往往有之，其大不至五升，亦不出此川矣。長安志卷五宮室三引。按三秦記以下三十六字，録長安志文。

牛首池在雍州長安縣西北三十八里。玉海卷一百七十一宮室苑囿引。

磁石門一名却胡臺。長安志卷三宮室一引。

潏水又名石壁谷水，又名高都水。漢王氏五侯大治池宅，引高都水入長安城。長安志卷十二長安縣引。

漢太上皇廟在雍州長安縣西北長安故城中，酒池之北，高帝廟北。高帝廟亦在故城中也。史記高祖本紀「至太上皇廟」正義引，又玉海卷一百七十一宮室苑囿引，又通鑑卷十五漢景帝紀「太上皇廟堧垣」注引。

高廟在長安縣西北十三里渭南長安故城中。史記劉敬叔孫通列傳「益廣多宗廟」正義引。

漢書王莽以皇后有子孫瑞，通子午道，蓋以子、午爲陰、陽之王氣也。風土記云：「王莽以皇后有子，通子午道，從杜陵直抵終南。」長安志卷十二長安縣引。

漢奉明縣地，今縣治北八里奉明故縣是。長安志卷十二長安縣引。

杜祠，雍州長安縣西南二十五里。史記封禪書「杜主故周之右將軍」正義引。

三原縣

堯門山，俗名石門，在雍州三原縣西北三十(三)〔二〕里。上有路，其狀若門，故老云堯鑿山爲門，因名之。武德年中於此山南置石門縣，貞觀年中改爲雲陽縣。史記秦本紀「與晉戰于石門」正義引，又通鑑卷二周顯王紀「秦獻公敗三晉之師于石門」注引。按通鑑注引作「三十二里」，與元和郡縣志及長安志合，今改。

雍州三原縣有湯陵。史記秦本紀「遣兵伐蕩社」正義引。

醴泉縣

谷口故城在雍州醴泉縣東北四十里，漢谷口縣也。史記淮南衡山列傳「以輂車四十乘反谷口」正義引，又通鑑卷十四漢文帝紀「反谷口」注引。

郊祀志公孫卿言黄帝得仙寒門，寒門者，谷口也。按九嵕山〔東〕中〔山〕西謂之谷口，卽古寒門也，在雍州醴泉縣東北四十里。史記范雎蔡澤列傳「北有甘泉谷口」正義引。按正義引脱「東」「山」二字，據太平寰宇記雍州醴泉縣引水經注「九嵕山東中山西謂之谷口」，元和郡縣志卷一醴泉縣「漢谷口縣在九嵕山東仲山西」增。

富平縣

荆山在雍州富平縣，今名掘陵原。按雍州荆山，卽黄帝及禹鑄鼎地也。史記夏本紀「荆岐已旅」正義引。

沮水一名石川水，源出雍州富平縣，東入櫟陽縣南。

漢高祖於櫟陽置萬年縣，十三州地理志云：「萬年縣南有涇、渭，北有小河卽沮水也。」史記夏本紀「漆沮既從」正義引，又詩地理考卷四「自土漆沮」引無十三州地理志以下二十二字。

雲陽縣

雲陽，雍州縣。秦之林光宮，漢之甘泉，在雍州雲陽縣〔西〕北八十里。史記匈奴列傳「自九原至雲陽」正義引。按據元和郡縣志京兆府雲陽縣補「西」字。

雲陽故城在雍州雲陽縣西〔北〕八十里，秦始皇甘泉宮在焉。史記秦始皇本紀「非死雲陽」正義引。按據史記封禪書正義補「北」字。

甘泉山一名石鼓原，俗名磨石嶺，在雍州雲陽縣西北九十里。關中記云：「甘泉宮在甘泉山上。年代久遠，無復甘泉之名，失其實也。」史記范雎蔡澤列傳「北有甘泉谷口」正義引。

漢雲陽宮在雍州雲陽縣〔西〕北八十一里。有通天臺，卽黃帝以來祭天圜丘之處。武帝以五月避暑，八月乃還也。史記孝武本紀「始郊見泰一雲陽」正義引，又玉海卷一百六十二宮室臺引。玉海引有「西」字。

雲陽宮，秦之林光宮，漢之甘泉，在雍州雲陽縣西北八十一里。秦始皇作甘泉宮，去長安三百里，望見長安，秦皇帝以來祭天圜丘處。史記匈奴列傳「候騎至甘泉」正義引，又史記外戚世家「夫人死雲陽宮」正義引作「雲陽宮，秦之甘泉宮，在雍州雲陽縣西北八十一里。秦始皇作甘泉宮，去長安三百里，黃帝以來祭天圜丘處。」

通天臺在雍州雲陽縣西北八十〔一〕里。史記封禪書「乃作通天莖臺」正義引。按據史記孝武本紀正義引補「一」字。

中山一名仲山，在雍州雲陽縣西十五里。史記河渠書「自中山西邸瓠口爲渠」正義引。

雲陽陵，漢鉤弋夫人陵也，在雍州雲陽縣西北五十八里。孝武帝鉤弋趙婕妤，昭帝之母，齊人，姓趙。少好清静，六年臥病，右手拳，飲食少。望氣者云「東方有貴人」，推而得之。召見，姿色甚佳。武帝持其手伸之，得玉鉤。後生昭帝。武帝末年殺夫人，殯之，而尸香一日。昭帝更葬之，棺但存絲履也。宮記云「武帝思之，爲起通靈臺於甘泉，常有一青鳥集臺上往來，至宣帝時乃止。」史記外戚世家「使者夜持棺往葬之」正義引。

徑路神祠，在雍州雲陽縣西北九十里甘泉山下。本匈奴祭天處，秦奪其地，後徙休屠右地。史記匈奴列傳「破得休屠王祭天金人」正義引。

（益壽）延壽館在雍州雲陽縣西北八十一里，通天臺西八十步。玉海卷一百五十六宮室宮引。按藝文類聚引史記作「延壽館」，漢武故事及三輔黃圖同。此與漢書郊祀志均衍「益壽」二字。

咸陽縣

咸陽故城亦名渭城，在雍州北五里，今咸陽縣東十五里，京城北四十五里，秦孝公以下並都此城。始皇鑄金人十二于咸陽，卽此也。史記秦始皇本紀「發卒攻毐戰咸陽」正義引。又史記秦本紀「作爲咸陽」正義引作「咸陽故城亦名渭城，在雍州咸陽縣東十五里，京城北四十五里，卽秦孝公徙都之者。」通鑑地理通釋卷四秦都引同，又通鑑卷二周顯王紀「築冀闕宮庭於咸陽」注引無「卽秦孝公徙都之者」句。

今咸陽縣，古之杜郵，白起死處。史記秦本紀「作爲咸陽」正義引，又通鑑地理通釋卷四秦都引。

安陵故城在雍州咸陽縣東二十一里，周之程邑也。史記太史公自序「程伯休甫其後也」正義引，又詩地理考卷四鮮原引。

蘭池陂卽秦之蘭池也，在雍州咸陽縣界。三秦記云：「始皇都長安，引渭水爲池，築爲蓬萊山，刻石爲鯨，長二百丈。」史記秦始皇本紀「逢盜蘭池」正義引。

棘門在渭北十餘里，秦王門名也。史記絳侯周勃世家「軍棘門」正義引。

渭橋本名横橋，架渭水上，在雍州咸陽縣東南二十二里。史記外戚世家「出横城門」正義引。

細柳倉在雍州咸陽縣西南二十里也。史記絳侯周勃世家「軍細柳」正義引。

秦惠文王陵在雍州咸陽縣西北一十四里。史記秦始皇本紀「葬公陵」正義引。

秦悼武王陵在雍州咸陽縣西北十五里，俗名周武王陵，非也。史記秦本紀「八月武王死」正義引，又秦始皇本紀「葬永陵」正義引。

長陵在雍州咸陽縣東三十里。史記高祖本紀「葬長陵」正義引。又史記劉敬叔孫通列傳「益廣多宗廟」正義引和通鑑卷十二「葬高帝於長陵」注引「雍州」作「渭北」。

陽陵，漢景帝陵也，在雍州咸陽縣東四十里。史記外戚世家「合葬陽陵」正義引，又孝景本紀「更以弋陽爲陽陵」正義引。

渭陽五帝廟在雍州咸陽縣東三十里。宫殿疏云：「五帝廟一宇五殿也。」史記封禪書「于是作渭陽五帝廟」正義引，又通鑑卷十五漢文帝紀「于是作渭陽五帝廟」注引無「宫殿疏云」以下十二字。

渭陽五廟在渭城。史記孝文本紀「設立渭陽五廟」正義引。

周公墓在雍州咸陽北十三里畢原上。史記魯周公世家「葬周公於畢」正義引。

蕭何墓在雍州咸陽縣東北三十七里。史記蕭相國世家「相國何卒」正義引。

渭南縣

渭南縣城，隋煬帝大業九年築。長安志卷十七渭南縣引。

渭南故城在渭南縣東南四里，西魏文帝大統十六年築。長安志卷十七渭南縣引。

新豐縣

雍州新豐縣，本周時驪戎邑。左傳云：「晉獻公伐驪戎」，杜注云：「在京兆新豐縣。其後秦滅之以爲邑。」史記秦始皇本紀「秦置麗邑」正義引。

新豐故城在雍州新豐縣西南四里，漢新豐宫也。太上皇時悽愴不樂，高祖竊因左右問故，答以「平生所好皆屠販少年，酤酒賣餅，鬬雞蹴踘，以此爲歡；今皆無此，故不樂。」高祖乃作新豐，徙諸故人實之。太上皇乃悦。按前于酈邑築城寺，徙其民實之，未改其名，太上皇崩後改名曰新豐。史記高祖本紀「更命酈邑曰新豐」正義引。

驪戎故城在新豐縣南十里，殷、周驪戎國城也。史記周本紀「驪戎之文馬」正義引。

驪山在雍州新豐縣南十六里。土地記云：「驪山卽藍田山。」史記周本紀「遂殺幽王驪山下」正義引。

戲水源出新豐縣西南驪山。水經注云：「戲水出驪山馮公谷，東北流。」今新豐縣東北十一里戲水當官道，卽其處。史記秦始皇本紀「將西至戲」正義引。

新豐縣南驪山上猶有露臺之舊址，其處名露臺〔鄉〕。玉海卷一百六十二宫室臺引。按據漢書文帝紀「帝欲作露臺」顔師古注「今新豐縣南驪山之頂有露臺鄉」，補「鄉」字。

秦莊襄王陵在雍州新豐縣西南三十五里，俗亦謂爲子楚〔陵〕。始皇陵在北，故〔俗〕亦謂爲見子陵。史記秦始皇本紀「葬茝陽」正義引。按「子楚」下脱「陵」字，今增。又史記呂不韋列傳「莊襄王葬芷陽」正義與此引同，有「俗」字，此脱。

秦始皇陵在雍州新豐縣西南十里。史記秦始皇本紀「樹草木以象山」正義引。

藍田縣

藍田山，臣泰按聖賢冢墓記「驪山之陽多美玉」，今縣西北四十里有驪山，即此山之北阜，「驪山之陽」或謂此也。長安志卷十六藍田縣引。

芷陽在雍州藍田縣西六里。三秦記云：「〔白〕鹿原東（有）〔即〕霸川之西阪，故芷陽也。」史記秦本紀「歸葬芷陽」正義引。按「鹿原」上脱「白」字，「有」當作「即」，據水經渭水注「白鹿原東，即霸川之西故芷陽矣」增改。

灞水，古滋水也，亦名藍谷水，即秦嶺水之下流，在雍州藍田縣。史記封禪書霸產正義引。

皇子陂在雍州藍田縣西。長安志卷十六藍田縣引。

藍田關在雍州藍田縣東南九十里，即秦嶢關也。史記曹相國世家「從西攻武關嶢關」正義引。

始平縣

犬丘故城，一名槐里，亦曰廢丘，在雍州始平縣東南十里。地理志云：「扶風槐里縣，周曰犬丘，懿王都之，秦更名廢丘，高祖三年更名槐里。」史記秦始皇本紀「非子居犬丘」正義引，又史記外戚世家「王太后槐里人」正義引無地理志以下三十字，又史記項羽本紀「都廢丘」正義引作「犬丘故城在雍州始平縣東南十里」，又通鑑地理通釋卷四周都、卷七三秦引作「犬丘故城一名廢丘，在雍州始平縣東南十里，卽周懿王所都，漢高祖三年更名槐里。」又通鑑卷九漢高祖紀「都廢丘」引作「廢丘故城在雍州始平縣東南十里」。

湯臺在始平縣西北八里。史記秦本紀「遣兵伐蕩社」正義引。

高陵縣

高陵故城在雍州高陵縣西南一里。史記孝文本紀「至高陵休止」正義引，又通鑑卷十三漢高后紀「至高陵休止」注引。

渭橋本名横橋，架渭水上。三輔舊事云：「秦于渭南有興樂宮，渭北有咸陽宮，秦昭王欲通二宮之間，造横橋長三百八十步。橋北壘石水中。舊有忖留神象，此神曾與魯班語，班令其出，留曰『我貌醜，卿善圖物容，不出』。班于是拱手與語，曰『出頭見我』。留乃出首。班以脚畫地，忖留覺之，便没水。故置其象於水上，唯有腰以上。魏太祖馬見而驚，命移下之。」史記孝文本紀「昌至渭橋」正義引。

櫟陽縣

櫟陽故城一名萬年城，在雍州東北百二十里。漢七年分櫟陽城内爲萬年縣。隋文帝開皇三年遷都于龍首川，今京城也，改萬年爲大興縣，至唐武德元年又改曰萬年，置在州東七里。史記秦本紀「二年城櫟陽」正義引，又通鑑地理通釋卷四秦都引無隋文帝以下四十一字，通鑑卷九漢高帝紀「都櫟陽」注引作「櫟陽故城一名萬年城，漢七年分櫟陽城内爲萬年縣，隋改爲大興縣，唐復曰萬年。」

櫟陽故城一名萬年城，在雍州櫟陽縣東北二十五里，秦獻公之城櫟陽卽此也。史記項羽本紀「王咸陽以東至河都櫟陽」正義引，又通鑑卷九漢高帝紀「都櫟陽」注引作「秦獻公所城櫟陽故城，在今雍州櫟陽縣東北二十五里。」

秦櫟陽宫在雍州櫟陽縣北三十五里，秦獻公所造。三輔黄圖云：「高帝都長安，未有宫室，居櫟陽宫也。」史記高祖本紀「皆來朝長樂宫」正義引，又通鑑地理通釋卷四漢都引。

漢太上皇陵在雍州櫟陽縣北二十五里。漢書云：「高帝十年太上皇崩，葬萬年縣也。」史記高祖本紀「楚王梁王皆來送葬」正義引。

涇陽縣

焦穫亦名瓠口，亦曰瓠中，在雍州涇陽縣北十數里，周有焦穫也。史記匈奴列傳「遂取周之焦穫」正義引，又史記河渠書「西邸瓠口爲渠」正義引作「焦穫藪一名瓠口，在涇陽北城外也。」

秦望夷宮在雍州(咸)〔涇〕陽縣東南八里。史記秦始皇本紀「二世乃齋于望夷宮」正義引，又通鑑卷八秦二世紀「乃齋於望夷宮」注引。按「咸」當作「涇」，據三輔黄圖卷一秦宮「望夷宮在涇陽縣界長平觀道東」及元和郡縣志卷二京兆府涇陽縣「望夷宮在縣東南八里」改。

鄠縣

雍州(南)鄠縣，本夏之扈國也。地理志云：「鄠縣古扈國，有户亭。」訓纂云：「户、扈、鄠三字，一也，古今字不同耳。」史記夏本紀「有扈氏不服」正義引。按「南」字衍，秦漢鄠縣與唐鄠縣均在唐雍州西南。

周豐宮，周文王宮也，在雍州鄠縣東三十五里。史記周本紀「而作豐宮」正義引，又詩地理考卷四豐引。

龍臺一名龍臺觀，在雍州鄠縣東北三十五里。玉海卷一百六十二宮室臺引，又一百六十六宮室臺引。

雍州鄠縣終南山，澧水出焉，北入渭。史記夏本紀「澧水所同」正義引。

盩厔縣

長楊宮在雍州盩厔縣東南三〔十三〕里，（上起以）宮内有長楊樹，以爲名。史記司馬相如列傳「從上至長楊獵」正義引。按三輔黃圖卷一秦宮云：「在今盩厔縣東南三十里」，元和郡縣志卷二京兆府盩厔縣云：「在盩厔縣東南三十三里」，此引脱，今依元和志補「十三」二字。「上起宮」三字衍，據黃圖、元和志删。

駱谷關在雍州盩厔縣西南二十里。開駱谷道以通梁州也。史記田叔列傳「谷口㓨道近山」正義引。

武功縣

漢武功縣在渭水南，今盩厔縣西界也。史記田叔列傳「武功扶風西界小邑也」正義引。

故周城一名美陽城，在雍州武功縣西北二十五里，即太王城也。史記周本紀「周后稷名弃」正義引，又通鑑地理通釋卷四周都引，又詩地理考卷一召南引，又通鑑卷一周顯王紀周紀一注引無「即太王城也」句。

故斄城一名武功城，在雍州武功縣西南二十二里。古邰國，后稷所封也，有后稷及姜嫄祠。史記曹相國世家「攻下辯道雍斄」正義引作「故斄城一名武功縣西南二十二里，古部國」，蓋有脱誤。

壤鄉，今在雍州武功縣東南二十餘里高壤坊是。史記曹相國世家「取壤鄉」正義引。

好畤縣

好畤城在雍州好畤縣東南十三里。史記曹相國世家「擊章平軍於好畤南」正義引。

梁山在雍州好畤縣西北十八里。史記周本紀「踰梁山」正義引。

梁山宫俗名望宫山，在雍州好畤縣西十二里，北去梁山九里。秦始皇（起）〔紀〕「從山上見丞相車騎衆，弗善」，卽此山也。史記秦始皇本紀「始皇帝幸梁山宫」正義引，又通鑑卷七秦始皇紀「幸梁山宫」注引無「秦始皇起」以下十九字。

華州

鄭縣

鄭故城在華州鄭縣西北三里，桓公友之邑，秦縣之。詩地理考卷二鄭引，又通鑑地理通釋卷四十二諸侯引。

鄭，華州鄭縣也。毛詩譜云鄭國者，周畿内之地。宣王封其弟於(咸)〔棫〕林之地，是爲鄭桓公。史記秦本紀「十一年初縣杜鄭」正義引。按「咸」字誤，當作「棫」，史記鄭世家「友初封于鄭」索隱引世本云「桓公居棫林」，棫林卽鄭，今改。

萬里沙在華州鄭縣東北二十里。史記河渠書「天子已用事萬里沙」正義引。

故武城一名武平城，在華州鄭縣東北十三里。史記秦本紀「秦伐晉取武城」正義引，又魏世家「秦伐敗我武下」正義引。

華陰縣

平舒故城在華州華陰縣西北六里。水經注云：「渭水又東經平舒北，城枕渭濱，半破淪水，南面通衢。昔秦之將亡也，江神送璧於華陰平舒道，卽其處也。」史記秦始皇本紀「夜過華陰平舒道」正義引。

華山在華州華陰縣南八里，古文以爲敦物。周禮云豫州鎮曰華山。史記封禪書「西嶽華山也」正義引，又史記夏本紀「至于太華」正義引。

華山在華州華陰縣南八里，古文以爲敦物也。〔水經〕注云：「華、嶽本一山，當河，水過而〔曲〕行。河神巨靈手盪脚蹋，開而爲兩，今脚跡在東首陽下，手掌在華山，今呼爲仙掌，河流於二山之間也。開山圖云巨靈胡者，偏得神仙之道，能造山川，出江河也。」史記封禪書「曰華山薄山」正義引。按「注」字上脱「水經」二字，又脱「曲」字，據水經河水注補。

鎬泉是河眼，亦謂之鎬池。宋樂史太平寰宇記卷二十九華州華陰縣引。

同州

馮翊縣

同州本臨晉城，一名大荔城，亦曰馮翊城。史記河渠書「臨晉民穿渠引洛」正義引。

雒陰在同州西。史記魏世家「築雒陰合陽」正義引。

伏龍祠在同州馮翊縣西北四十里。故老云漢時自徵穿渠引洛，得龍骨，其後立祠，因以伏龍爲名，今祠頗有靈驗也。史記河渠書「穿渠得龍骨」正義引。

朝邑縣

南芮鄉故城在同州朝邑縣南三十里，又有北芮城，皆古芮國也。鄭玄云周同姓之國，在畿内爲王卿士者。左傳云桓公三年，芮伯萬之母芮姜惡芮伯之多寵人，故逐之，出居魏。史記秦本紀「梁伯芮伯來朝」正義引。

懷德故城在同州朝邑縣西南四十三里。史記絳侯周勃世家「賜食邑懷德」正義引。

同州馮翊縣及朝邑縣，本漢臨晉縣地，古大荔戎國。今朝邑縣東三十步故王城，卽大荔王城。史記匈奴列傳「有義渠大荔烏氏朐衍之戎」正義引，又通鑑卷六秦始皇帝紀「大荔烏氏之戎」注引無「古大荔戎國」句，又史記秦本紀「取其王城」正義引作「同州東三十步故王城，大荔近王城邑」，蓋有脫誤。

大河祠在同州朝邑縣南三十里。山海經云馮夷，人面，乘兩龍也。太公金匱云馮脩也。魚龍河圖云河伯姓呂名公子，夫人姓馮名夷。河伯，字也。華陰縣潼鄉隄首人，水死，化爲河伯。應劭云夷，馮夷，乃水仙也。史記封禪書「水曰河祠臨晉」正義引。

蒲城縣

重泉故城在同州蒲城縣東南四十五里，在同州西北亦四十五里。史記河渠書「民願穿洛以溉重泉」正義引，又史記秦本紀「城重泉」正義引及通鑑卷九漢高帝紀「重泉人李必駱甲」注引無「在同州西北亦四十里」九字。

澄城縣

王官故城在同州澄城縣西北九十里。左傳云：「文公三年，秦伯伐晉，濟河焚舟，取王官及郊也。」史記秦本紀「取王官及鄗」正義引，又史記晉世家「度河取王官」正義引作「王官故城在同州澄城縣西北六十里。左傳文三年秦伐晉取王官，卽此」，「六十里」當作「九十里」。

南郊故城在同州澄城縣西北十七里。又有北郊故城，又有西郊故城。史記秦本紀「取王官及鄗」正義引。

韓城縣

韓原在同州韓城縣西南十八里。十六國春秋云魏顆夢父結草抗秦將杜回，亦在韓原。史記秦本紀「合戰韓地」正義引，又史記韓世家「其後裔事晉得封於韓原」正義引作「韓原在同州韓城縣西南八里」，「八」上脫「十」字。

韓城在同州韓城縣南十八里，(故)古韓國也。古今地名云韓武子食菜於韓原故城也。史記韓世家「其後裔事晉得封於韓原」正義引，又春秋彙纂卷四引。按「故」字衍，春秋彙纂引無「故」字。

同州韓城縣南二十三里少梁故城，古(少)梁國。都城記云梁伯國，嬴姓之後，與秦同祖。秦穆公二十二年滅之。史記秦本紀「梁伯芮伯來朝」正義引，又史記趙世家「秦攻魏少梁」正義引作「少梁城在同州韓城縣南二十二里，古少梁國」。按史記晉世家「文公十年晉伐秦，取少梁」，蓋春秋梁國，秦得之名少梁，不當稱「少梁國」，太史公自序「而司馬氏入少梁」正義云「少梁，古梁國」是，今删「少」字。

籍姑故城在同州韓城縣北三十五里。史記秦本紀「城籍姑」正義引。

龍門山在同州韓城縣北五十里。李奇云：「禹鑿通河水處，廣八十步。」三秦記云：「龍門水懸船而行，兩旁有山，水陸不通，龜魚集龍門下數千，不得上，上則爲龍，故云暴鰓點額龍門下。」史記夏本紀「至于龍門西河」正義引。

龍門在同州韓城縣北五十里。其山更黄河，夏禹所鑿也。龍門山在夏陽縣，遷卽漢夏陽縣人也，至(唐)〔隋〕改曰韓城縣。史記太史公自序「遷生龍門」正義引。按隋開皇於夏陽縣置韓城縣，見隋書地理志及舊唐書地理志，今據改。

梁山原在同州韓城縣東南十九里。其山東(西)〔南〕臨河，東南崩跡存焉。公羊傳云：「梁山崩，壅河三日不流。」穀梁傳云：「成(王)〔公〕五年梁山崩，晉侯召伯尊，伯尊用輦者之言曰『君率羣臣哭，斯流矣。』如其言，河乃流也。」史記晉世家「十四年梁山崩」補正義引。按水經河水注「河水又南逕梁山原東，原自山東南出至河」，「西」字誤，當作「南」。魯成公五年卽晉景公十四年梁山崩，「王」字當作「公」，據穀梁傳改。

梁山在同州韓城縣東南九十里。史記夏本紀「治梁及岐」正義引，又詩地理考卷四梁山引。

華池在同州韓城縣西南(七)十〔七〕里，在夏陽故城西北四里。史記太史公自序「葬于華池」正義引。按夏陽故城在唐韓城縣南二十里，華池在夏陽西北四里，則當作「十七」里，此引誤倒。

高門原俗名馬門原，在同州韓城縣西南十八里。漢司馬遷墓在韓城縣南二十二里，夏陽故城東南有司馬遷冢，在高門原上也。史記太史公自序「皆葬高門」正義引。

夏陽故城在同州韓城縣南二十里。史記張儀列傳「更名少梁曰夏陽」正義引。

河西縣

郃陽故城在同州河西縣南三里，魏文侯七年攻秦至鄭而還築，在郃水之陽也。史記高祖本紀「廢以爲郃陽侯」正義引。又史記吴王濞列傳「廢以爲郃陽侯」正義及詩地理考卷四郃陽引「郃陽故城在同州河西縣南三里」十三字。

古莘國城在同州河西縣南二十里。世本云：「莘因姒姓，夏禹之後」，即散宜生等求有莘美女獻紂者。史記周本紀「乃求有莘氏美女」正義引。

白水縣

彭衙故城在同州白水縣東北六十里。史記秦本紀「戰于彭衙」正義引。

宜州

土門縣

頻陽故城在宜州土門縣南三里。史記絳侯周勃世家「還下郿頻陽」正義引。

同官縣

頻陽故城在(雍)〔宜〕州同官縣界，故頻陽縣也。史記秦本紀「初縣頻陽」正義引。按舊唐書地理志說同官屬宜州，貞觀十七年改屬雍州。括地志成于貞觀十三年，當稱「宜州同官縣」，「雍」字是後人改寫。宜州廢後，土門縣亦併入同官，故說「頻陽故城在雍州同官縣」，可知此條正義雖稱「括地志云」，而非括地志原文。

岐州

雍縣

岐州雍縣南七里故雍城，秦德公大鄭宮城也。史記秦本紀「初居雍城大鄭宮」正義引，又玉海通鑑地理通釋卷四秦都引。

蘄年宮在岐州城西故城内。史記秦始皇本紀「繆毐將欲攻蘄年宮爲亂」正義引，又呂不韋列傳「以反蘄年宮」正義及通鑑卷六秦始皇紀「發兵欲攻蘄年宮」注引。

秦回中宮在岐州雍縣西(三)〔四〕十里，漢武帝郊雍五畤，遂通西口回中道，往處回中宮。史記封禪書「上郊雍通回中道」補正義引。又匈奴列傳「使奇兵入燒回中宮」正義引作「秦回中宮在岐州雍縣西四十里，卽匈奴所燒也」。又史記秦始皇本紀「出雞頭山過回中焉」正義及玉海卷一百五十五宮室宮一、通鑑卷七秦始皇紀「過回中宮」注引作「回中宮在岐州雍縣西四十里」。按「三」字誤，依史記匈奴列傳及秦始皇紀正義引改「四」。

漢有五畤，在岐州雍縣南，則鄜畤、吳陽上畤、下畤、密畤、北畤。秦文公夢黄蛇自天而下屬地，其口止於鄜衍，作畤，郊祭白帝，曰鄜畤。秦宣公作密畤於渭南，祭青帝。秦靈公作吳陽上畤，祭黄帝；作下畤，祠炎帝。漢高帝曰「天有五帝，今四，何也？待我而具五」。遂立黑帝，曰北畤是也。史記秦本紀「四年作密畤」正義引。

〔密畤〕、鄜畤、吳陽上下畤，是言秦用四畤祠上帝，青、黄、赤、白最尊也。史記封禪書「唯雍四畤」正義引。按秦四畤是密畤祀青帝，鄜畤祀白帝，上畤祀黄帝，下畤祀赤帝，此言秦四畤無密畤，蓋傳寫脱落，今補「密畤」二字。

三畤原在岐州雍縣南二十里。封禪書云秦文公作鄜畤，襄公作西畤，靈公作吳陽上時。史記秦本紀「初爲鄜時」正義引。

野人塢在岐州雍縣東北二十里，野人盜馬食處，因名也。史記秦本紀「繆公亡善馬岐下」正義引。

秦穆公冢在岐州雍縣南二里。史記秦本紀「繆公卒葬雍」正義引。

三良冢在岐州雍縣一里故城內。史記秦本紀「奄息仲行鍼虎亦在從死之中」正義引，又詩地理考卷二「三良」引。

蹇叔，岐州人也。史記李斯列傳「迎蹇叔于宋」正義引。

公孫支，岐州人，游晉，後歸秦。史記李斯列傳「求丕豹公孫支於晉」正義引。

陳倉縣

故虢城在岐州陳倉縣東四十里。次西十餘里又有城，亦名虢城，輿地志云此虢文王母弟虢叔所封，是曰西虢。史記秦本紀「滅小虢」正義引。又史記周本紀「虢文公諫曰」正義引作「虢故城在岐州陳倉縣東四十里」。

陳倉山在今岐州陳倉縣南。史記封禪書「于陳倉北阪城祠之」正義引。

輿地志云蒯成縣故陳倉縣之故鄉聚名也，周緤所封也。晉武帝咸寧四年分陳倉立蒯成縣，屬始平郡也。史記傅靳蒯成列傳「蒯成侯緤者」正義引。

散關在岐州陳倉縣南五十里。史記老子韓非列傳「迺遂去至關」正義引。

寶雞祠在岐州陳倉縣東二十里故陳倉城中。晉太康地志云：「秦文公時，陳倉人獵得獸，若彘，不知名，牽以獻之。逢二童子，童子曰：『此名爲媦，常在地中，食死人腦。』卽欲殺之，拍捶其首。媦亦語曰：『二童子名陳寶，得雄者王，得雌者霸。』陳倉人乃逐二童子，化爲雉，雌者上陳倉北阪，爲石，秦祠之。」搜神記云其雄者飛至南陽，其後光武起于南陽，皆如其言也。史記秦本紀「十九年得陳寶」正義引。

寶雞神祠在漢陳倉縣故城中，今陳倉縣之東。石雞在陳倉山上。史記封禪書「于陳倉北阪城祠之」正義引。

秦寧公墓在岐州陳倉縣西北三十七里秦陵山。帝王世紀云秦寧公葬西山大麓，故(秦)號秦陵山。史記秦本紀「葬西山」正義引。按「秦」字衍，秦陵山名後起，非秦時卽有此名。

大梓樹在岐州陳倉縣南十里〔陳〕倉山上。録異傳云：「秦文公時雍南有大梓樹，文公伐之，輒有大風雨，樹生合不斷。時有一人病，夜往山中，聞有鬼語樹神曰：『秦若使人被髮，以朱絲繞樹伐汝，汝得不困耶？』樹神無言。明日病人語聞。公如其言伐樹，斷，中有一青牛出，走入豐水中。其後牛出豐水中，使騎擊之，不勝。有騎墮地復上，髮解，牛畏之，入不出，故置髦頭，漢、魏、晉因之。武都郡立怒特祠，是大梓牛神也。」史記秦本紀「伐南山大梓豐大特」正義引。按陳倉縣因陳倉山而得名，此引脱「陳」字，據史記封禪書「于陳倉北阪城祠之」正義引括地志及元和郡縣志補。

郿縣

郿縣故城在岐州郿縣東北十五里。秦紀云：「秦文公東獵汧、渭之會，卜居之，乃營邑焉」，卽此城也。史記秦本紀「至汧、渭之會」正義引。又通鑑地理通釋卷四秦都引作「郿縣故城在岐州郿縣東北十五里。毛萇云郿地名也，秦文公東獵汧、渭之會，卜居之，乃營邑焉，卽此城也」。又史記封禪書「秦文公東獵至汧、渭之閒」正義及史記絳侯周勃世家「還下郿」正義引「郿縣故城在岐州郿縣東北十五里」十四字。

岐山縣

周公城在岐州岐山縣北九里。周之畿內，周公食采之地也。周公、邵公，周室元宰，輔佐文、武、成、康以下，蓋嫡子封于燕、魯，次子食采畿甸，奕葉爲卿士，故謂之周公、邵公也。史記魯周公世家「周公旦者」補正義引，又詩地理考卷一周南引作「周公故城在岐山縣北九里」。

邵亭故城在岐州岐山縣西南十里。詩地理考卷一召南引。

平陽故城在岐州岐山縣西四十六里，秦寧公徙都之處。史記秦本紀「徙居平陽」正義引，又通鑑地理通釋卷四秦都引，又通鑑卷六秦始皇紀「居平陽」注引。

岐山在岐州岐山縣東北九十里。史記夏本紀「治梁及岐」正義引。

茲泉水源出岐州岐山縣西南凡谷。呂氏春秋云：「太公釣於茲泉，遇文王。」酈元云：「磻溪中有泉，謂之茲泉，〔潭〕積（冰爲陳）〔成淵〕，卽太公釣處，今謂之凡谷。有石壁深高，幽〔隍〕邃〔密〕，人跡罕及。東南隅有石室，蓋太公所居。水次磬石釣處，卽太公垂釣之所也，其投竿跪餌兩膝遺跡猶存，是〔有〕磻溪之稱也。其水清冷神異，北流十二里注于渭。」說苑云：「呂望年七十釣于渭渚，三日三夜，魚無食者。望卽忿，脫其衣冠。上有農人者，古之異人，謂望曰：『子姑復釣，必細其綸，芳其餌，徐徐而投，無令魚駭。』望如其言，初下得鮒，次得鯉。刺魚腹得書，書文曰『呂望封于齊』，望知其異。」史記齊太公世家「以漁釣奸周西伯」正義引，又史記范睢蔡澤列傳「釣于渭濱」正義引作「茲泉水源出岐州岐山縣西南凡谷，北流十二里注于渭。太公釣此，所謂磻溪」。按此引酈道元水經注與今本多不同，且有錯脫，今據水經渭水注增刪。

普潤縣

漆水源出岐州普潤縣東南岐山漆溪，東入渭。史記夏本紀「漆沮既從」正義引，又周本紀「自漆沮度渭取材用」正義引，又詩地理考卷四「自土沮漆」引。

扶風縣

棫陽宮在岐州扶風縣東北。通鑑卷十五漢文帝紀「上行幸雍棫陽宮」注引。

隴州

汧源縣

故汧城在隴州汧源縣東南三里。帝王世紀云「秦襄公二年徙都汧」，卽此城。史記秦本紀「襄公二年」正義引，又通鑑地理通釋卷四秦都引。

秦城在隴州東南二十五里。通鑑地理通釋卷四秦都引。

汧山在隴州汧源縣西六十里。其山東鄰岐岫，西接隴岡，汧水出焉。史記夏本紀「汧及岐至于荊山」正義引。

汧水源出隴州汧源縣西南汧山，東入渭。史記封禪書「汧洛二淵」正義引。

河水又出於陽紆、陵門之山者，穆王之所至。爾雅云秦有陽紆，〔郭璞云〕在今扶風汧縣之西。宋羅泌路史後紀卷九疏仡紀引。據爾雅補「郭璞云」三字。

豳州

新平縣

豳州新平縣，卽漢漆縣也，詩豳國，公劉所邑之地也。史記周本紀「國於豳」正義引，通鑑地理通釋卷四周都引，又詩地理考卷二豳引無「公劉所邑之地也」句。

三水縣

豳州三水縣西〔三〕十里有豳原，周先公劉所都之地也。豳城在此原上，因公〔劉〕爲名。史記周本紀「登豳之阜以望商邑」正義引，又詩地理考卷二豳引作「豳州三水縣西十里有豳原，豳城在原上」。按元和郡縣志卷三邠州三水縣説「古豳城在縣西三十里」，太平寰宇記同，此引並脱「三」字。後漢書郡國志扶風栒邑劉昭注「又有劉邑」，卽此「因公劉爲名」之意，此引脱「劉」字，均據補。

涇州

安定縣

烏氏故城在涇州安定縣東三十里。周之故地，後入戎，秦惠王取之，置烏氏縣。史記匈奴列傳「有義渠大荔烏氏朐衍之戎」正義引，又通鑑卷六秦始皇紀「烏氏倮畜牧」注引。又史記貨殖列傳「烏氏倮畜牧」正義引作「烏氏故城在涇州安定縣東四十里」。

鶉觚縣

陰密故城在涇州鶉觚縣西，其東接縣城，卽古密國也。杜預云姞姓國，在安定陰密縣也。史記周本紀「明年伐須密」正義引，又詩地理考卷四密引無「杜預云」以下文。史記秦本紀「白起有罪爲士伍遷陰密」正義引及史記白起王翦列傳「遷之陰密」正義引作「陰密故城在涇州鶉觚縣西，卽古密須國」。

臨涇縣

彭陽故城在涇州臨涇縣東二十里。史記匈奴列傳「遂至彭陽」正義引，又通鑑卷十五漢文帝紀「遂至彭陽」注引「二十里」下有「彭原」二字。

寧州

定安縣

寧、原、慶三州，秦北地郡，（戰國及）春秋〔及戰國〕時爲義渠戎國之地，周先公劉不窋居之，古西戎也。史記秦本紀「十一年縣義渠」正義引，又史記秦本紀「伐義渠虜其王」正義引作「寧、慶二州，春秋及戰國時爲義渠戎國之地」。按「春秋」「戰國」互倒，今依秦本紀「伐義渠」正義引移正。

寧州、慶州、〔原州〕，〔古〕西戎〔之地〕，卽〔公〕劉（拘）邑城，〔周〕時爲義渠戎國，秦爲北地郡。史記匈奴列傳「岐梁山涇漆之北有義渠」正義引，又通鑑卷二周顯王紀「秦縣義渠」注引作「寧、慶、原三州，秦之北地郡」。按元和郡縣志卷三寧州云「禹貢雍州之域，古西戎之地，當夏之衰，公劉邑焉，周時爲義渠戎國」。正義引有脱誤，據通鑑注及元和郡縣志補正。

湫谷水源出寧州（安）定〔安〕縣。史記封禪書「湫淵祠朝那」正義引。按唐安定縣爲涇州治，定安縣爲寧州治，正義誤引爲安定縣，據舊唐書地理志改。寧州定安縣卽今甘肅寧縣，湫谷水是湫淵下流，今名海子河，在寧縣西。

羅川縣

寧州羅川縣在州東南七十里，漢陽周縣。史記項羽本紀「竟斬陽周」正義引。

黄帝陵在寧州羅川縣東八十里子午山。地理志云上郡陽周縣橋山南有黄帝冢。史記五帝本紀「葬橋山」正義引。

鄜州

洛交縣

雕陰(故)縣，在鄜州洛交縣北三十里雕陰故城是也。史記魏世家「秦敗我龍賈軍四萬五千于雕陰」正義引。按此引「故」字當衍，蓋謂漢上郡雕陰縣卽唐洛交縣雕陰故城，據元和郡縣志删。

延州

膚施縣

延州州城卽漢高奴縣。史記項羽本紀「立董翳爲翟王都高奴」正義引，又通鑑卷九漢高帝紀「都高奴」注引。

近延州、綏州、銀州，本春秋時白狄所居，七國屬魏，後入秦。史記匈奴列傳「晉文公攘戎翟居于河西圁洛之間」正義引。又史記匈奴列傳「號曰赤翟白翟」正義引作「延、綏、銀三州，白翟地」。

原州

平高縣

朝那湫祠在原州平高縣東南二十里。史記封禪書「湫淵祠朝那」正義引。

笄頭山一名崆峒山，在原州平高縣西百里，禹貢涇水所出。輿地志云或卽雞頭山也。酈元云蓋大隴山異名也。莊子云廣成子學道崆峒山，黃帝問道于廣成子，蓋在此。史記五帝本紀「登雞頭山」正義引。又史記趙世家「其後娶空同氏」正義引作「原州平高縣西百里有崆峒山，卽黃帝問廣成子道處」。

平涼縣

蕭關，今隴山關，漢文帝十四年匈奴入朝那縣之地〔在原州平涼縣界〕。史記孝文本紀「攻朝那塞」補正義引。按史記吳王濞列傳「搏胡衆入蕭關」正義云「蕭關今名隴山關，在原州平涼縣界」，蓋本括地志爲說，依例應出今地及里距，今據增「在原州平涼縣界」句。

百泉縣

朝那故城在原州百泉縣西七十里，漢朝那縣也。史記孝文本紀「攻朝那塞」補正義引。又匈奴列傳「至朝那膚施」正義同。

涇水源出原州百泉縣西南笄頭山涇谷，東南流入渭。史記夏本紀「又東北至于涇」正義引，又史記夏本紀「涇屬渭汭」補正義引。

靈州

廻樂縣

北河在靈州界也。史記衞將軍驃騎列傳「梁北河」正義引。

薄骨律鎮城以在河渚之中，隨水上下，未嘗陷没，故號曰靈州。初在河北胡城，大統六年于果(國)〔園〕復築城，以爲州，卽今州是也。太平寰宇記卷三十六靈州引。按元和郡縣志卷四靈州廻樂縣説「赫連勃勃所置果園，今猶桃李千餘株，鬱然猶存」，卽此果園，「國」字誤，今改「園」。

夏州

朔方縣

夏州，秦上郡，漢分置朔方郡，魏不改，隋置夏州也。史記平準書「衛青取匈奴河南地築朔方」正義引。

夏州朔方縣北什賁故城是蘇建築，什賁之號蓋出蕃語也。史記衛將軍驃騎列傳「使蘇建築朔方城」正義引。

鹽州

五原縣

鹽州古戎狄居之，卽胸衍戎之地，秦北地郡也。史記匈奴列傳「胸衍之戎」正義引，又通鑑卷六秦始皇紀「胸衍之戎」注引。

白土故城在鹽州（白池）〔五原縣〕東北三百九十里。史記匈奴列傳「晉文公攘戎翟居于河西圁洛之間」正義引。按唐景龍三年始于五原縣白池置白池縣，見元和郡縣志卷四鹽州下，括地志當稱五原，此張守節以開元時地名更貞觀時地名，今改正。

勝州

榆林縣

榆中，勝州所治榆林縣。通鑑地理通釋卷八「趙榆中」引，又史記秦始皇本紀「遷北河榆中三萬家」正義。

雲中故城在勝州榆林縣東北四十里，秦雲中郡。史記絳侯周勃世家「得雲中守遬」正義引。

連谷縣

勝州連谷縣，本秦九原郡，漢武帝更名五原。史記匈奴列傳「自九原至雲陽」正義引，又通鑑卷二十一漢武帝紀「戍五原」注引。

銀城縣

漢五原郡河目縣故城在北假中，北假，地名也，在河北，今屬勝州銀城縣。漢書王莽傳云「五原北假，膏壤殖穀」也。史記匈奴列傳「又度河據陽山北假中」正義引。

棝陽縣漢舊縣也，在勝州銀城縣界。史記魏世家「築長城塞固陽」正義引，又通鑑卷三周顯王紀「圍魏固陽」注引。

綏州

上縣

上郡故城在綏州上縣東南五十里，秦之上郡城也。史記秦始皇本紀「使扶蘇北監蒙恬於上郡」正義引，又史記魏世家「魏盡入上郡于秦」正義引，又通鑑卷二周顯王紀「魏因盡入上郡十五縣以謝秦」注引。史記李斯列傳「上使監兵上郡」正義及通鑑地理通釋卷八「趙上郡」引無「秦之上郡城也」句。

慶州

弘化縣

不窋故城在慶州（安）〔弘〕化縣南三里，即不窋在戎狄所居之城也。史記周本紀「子不窋立」

正義引，又通鑑地理通釋卷四周都引。按通鑑地理通釋此引作弘化縣，正義「安」字當作「弘」，唐弘化縣神龍元年更名安化縣，括地志成書應是弘化縣，今依通鑑注引。

洛源縣

洛水一名漆沮水，源出慶州洛源縣白於山，東南流鄜、丹、同三州，至華陰北南流入渭。非古公所度漆沮也。詩地理考卷三「瞻彼洛矣」引。又史記封禪書「汧洛二淵」正義引作「洛水源出慶州洛源縣白於山，南流入渭」。

華池縣

秦故道在慶州華池縣西四十五里子午山上，自九原至雲陽千八百里。史記匈奴列傳「而通直道」正義引。

二川原在慶州華池縣西子午嶺東，二川合，因名也。史記封禪書「汧洛二淵」正義引。

括地志輯校卷二

蒲州

河東縣

蒲坂故城在蒲州河東縣南二里，卽堯舜所都也。史記秦本紀「取蒲坂」正義引。又史記五帝本紀「代堯踐帝位」正義引作「蒲坂，今蒲州河南縣界蒲坂故城是也」。

河東縣南二里故蒲坂城，舜所都也。城中有舜廟，城外有舜井及二妃壇。史記五帝本紀「舜飭下二女於嬀汭」正義引。

蒲州河東縣雷首山，一名中條山，亦名歷山，亦名首陽山，亦名襄山，亦名甘棗山，亦名猪山，亦名獨頭山，亦名薄山，亦名吴山。此山西起雷首，東至吴坂，凡十一名，隨州縣分之。歷山南有舜井。史記五帝本紀「舜耕歷山」正義引。又史記夏本紀「壺口雷首」正義引作「雷首山在蒲州河東縣」。又通鑑地理通釋卷四「帝舜都」及詩地理考卷六「舜耕歷山」引作「蒲州河東縣雷首山亦名歷山，南有舜井」。

陶城在蒲州河東縣北三十里，卽舜所都也，南去歷山不遠，或耕或陶，所在則可，何必定陶方得爲陶也？舜之陶也？斯或一焉。史記五帝本紀「陶河濱」正義引。通鑑地理通釋卷四舜都引「或陶所在」二十二字作「何必定陶」四字。

嬀汭水源出蒲州河東〔縣〕南〔雷首〕山。許慎云：「水涯曰汭。」按地記云：「河東郡（青）〔首〕山（東山）中有二泉，下南流者嬀水，北流者汭水，二水異源合流，出谷西注河。」史記五帝本紀「舜飭下二女於嬀汭」正義引。又史記陳杞世家「居于嬀汭」補正義引作「嬀汭水源出蒲州河東縣南雷首山，地記云河東郡首山北中有二泉，下南者汭水」。按五帝本紀正義引脫「縣」及「雷首」三字，「青」爲「首」之誤，衍「東山」二字，依陳杞世家補正義引改正。陳杞世家補正義引「中有二泉」以下亦有脫誤，當如五帝本紀正義所引。

猗氏縣

令狐故城在蒲州猗氏縣（界）〔西〕十五里。史記秦本紀「秦以兵送至令狐」正義引。又史記晉世家「秦兵圍令狐」補正義引作「縣西四十五里」。按「界」字誤，當依晉世家補正義引作「西」。晉世家補正義引「西」下衍「四」字，水經涑水注可證。

王官故城在蒲州猗氏縣南二里。史記晉世家「渡河取王官」正義引。

故郇城在蒲州猗氏縣西南四里。詩地理考卷二郇伯引。

虞鄉縣

晉陽故城今名晉城，在蒲州虞鄉縣西三十五里。史記魏世家「秦拔我蒲坂晉陽」正義引，又通鑑卷一周威烈王紀「爲晉陽請曰」及卷三周赧王紀「秦取魏蒲坂晉陽封陵」注引。

故智城在蒲州虞鄉縣西北四十里。古今地名云：「解縣有智城」，蓋謂此也。史記魏世家「共伐滅智伯」正義引。

張陽故城一名東張城，在蒲州虞鄉縣西北四十里。史記曹相國世家「軍東張」正義引。

虞州

安邑縣

鹽氏故城一名司鹽城，在(蒲)〔虞〕州安邑縣。史記秦本紀「至鹽氏而還」正義引。按唐初有虞州，領安邑、解縣、夏縣三縣，貞觀十七年虞州廢後，以安邑、解縣屬蒲州。括地志據貞觀十三年大簿，序略有虞州，此「蒲」字當作「虞」。

高涯原在(蒲)〔虞〕州安邑縣北三十里南坂口，即古鳴條陌也。史記殷本紀「桀奔於鳴條」正義引。

解縣

濁水源出(蒲)〔虞州〕解縣東北平地。史記趙世家「伐魏敗湪澤」正義引，又通鑑卷一周威烈王紀「戰于濁澤」注引。

汾州

隰城縣

西陽卽中陽也，在汾州隰城縣(東)〔南〕十里。地理志云西都、中陽屬西河郡。史記秦本紀「伐取趙中都西陽」正義引。按漢中陽縣在今山西中陽縣西，魏移置於漢兹氏縣界，卽唐隰城縣南中陽故城。此「東」字誤，當作「南」。

中陽故城在汾州隰城縣南十里，漢中陽縣也。史記趙世家「與秦會中陽」正義引，又史記燕召公世家「田單伐我拔中陽」補正義引。

謁泉山一名隱泉山，在汾州隰城縣北四十里。注水經云：「其山崖壁立，崖半有一石室，去地五十丈，頂上平地十許頃。」(隨國)〔隋圖經〕集記云：「此爲子夏石室，退老西河居此。有卜商神祠，今見在。」史記仲尼弟子列傳「子夏居西河」正義引。按新唐書藝文志地理類有郎蔚之隋圖經集記，此誤，今據改。

平遥縣

中都故城在汾州平遥縣西(南)十二里，秦屬太原郡也。史記孝文本紀「立爲代王都中都」正義引。又史記秦本紀「伐趙中都西陽」正義引作「中都故城在汾州平遥縣西十二里，即西都也」。又史記梁孝王世家「以武爲代王」正義引作「中都故城在汾州平遥縣西十二里」。按孝文本紀正義引衍「南」字，元和郡縣志卷十三亦云中都在汾州平遥西十二里。

介休縣

介休縣屬汾州，本漢縣。史記晉世家「伐千畝有功」補正義引。

絳州

正平縣

臨汾故城在絳州正平縣東北二十五里，即古臨汾縣也。史記秦本紀「益發卒軍臨汾旁」正義引。

王澤在絳州正平縣南七里。史記趙世家「至于王澤」正義引。

垣縣

故垣城，漢縣治，本魏王垣也，在絳州垣縣西北二十里。史記秦始皇本紀「攻魏垣蒲陽」正義引，又通鑑卷六秦始皇紀「伐魏取垣蒲」注引。

絳縣

絳水一名白水，今名沸泉，源出絳山，飛泉奮湧，揚波〔北〕注，縣(積)〔流奔〕壑(二)〔一〕十許丈，望之極爲奇觀。史記魏世家「絳水可以灌平陽」正義引。又通鑑卷一周威烈王紀「絳水可以灌平陽」注引作「絳水一名白水，一名沸泉水，源出絳山，飛泉奮揚注，縣積壑三十餘丈，望之極爲奇觀」。按魏世家正義引及通鑑注引皆有脱誤，今據水經澮水注與元和郡縣志校正。

乾河源出絳州絳縣東南峭山，南流注(河)〔澮〕。其水冬乾夏流，故曰乾河。史記白起王翦列傳「取韓安邑以東到乾河」正義引。按乾河是教水支流，入澮不入河，今據水經澮水注改。

曲沃縣

絳邑故城，漢絳縣，本晉都新田，在絳州曲沃縣南二里，因絳山爲名。通鑑地理通釋卷四五伯引。又史記絳侯周勃世家「食絳」引作「絳邑城，漢絳縣，在絳州曲沃縣南二里」。

絳州曲沃縣有曲沃故城，土人以爲晉曲沃新城。史記秦本紀「太子申生死新城」正義引。

陘〔城〕〔庭〕故城在絳州曲沃縣西北二十里，在絳州東北三十五里。史記白起王翦列傳「攻韓陘城」正義引。又史記范雎蔡澤列傳「秦攻韓汾陘」正義「陘庭故城在絳州曲沃縣西北二十里」。按「陘城」當作「陘庭」，見左傳桓公二年及三年。襄公二十三年又作熒庭，范雎蔡澤列傳正義不誤。

聞喜縣

周陽故城在絳州聞喜縣東二十九里。史記孝文本紀「趙兼爲周陽侯」正義引，又史記外戚世家「勝爲周陽侯」正義引，又史記滑稽列傳「因姓周陽氏」正義。

翼城縣

故唐城在絳州翼城縣西二十里，卽堯裔子所封。春秋〔傳〕云夏孔甲時有堯苗裔劉累者，以豢龍事孔甲，夏后嘉之，賜氏御龍，以更豕韋之後。龍一雌死，潛醢之以食夏后，既而使求之，懼而遷於魯縣。夏后蓋别封劉累之孫于大夏之墟，爲〔唐〕侯。至周成王時，唐人作亂，成王滅之而封大叔，更遷唐人子孫于杜，謂之杜伯，即范匄所云「在周爲唐杜氏」。按魯縣汝州魯山縣是。今隨州棗陽縣東南一百五十里上唐鄉故城，即是後子孫徙於唐。史記晉世家「成王立唐有亂」正義引。按此引劉累豢龍事見左傳昭公二十九年文，當有「傳」字。「唐」字依鄭世家正義引補。

故唐城在絳州翼城縣西二十里。徐才宗國都城記云：「唐國，帝堯之裔子所封。」春秋〔傳〕云夏孔甲時有堯苗胄劉累者，以豢龍事孔甲，夏后嘉之，賜曰御龍氏，以更豕韋之後。龍一雌死，潛醢之以食夏后，既而使求之，懼而遷於魯縣。夏后蓋別封劉累之後于〔大〕夏之墟，爲唐侯。至周成王時，唐人作亂，成王滅之而封大叔，遷唐人子孫于杜，謂之杜伯，范（氏）〔匄〕所云「在周爲唐杜氏」也。地記云：「唐氏在大夏之墟，屬河東安〔邑〕縣。今在絳城西北一百里有唐城者，以爲唐舊國。」史記鄭世家「唐人是因」正義引。按依晉世家正義引補「大」字，改「匄」字。「安」下脱「邑」字，據漢書地理志增。

故翼城一名故絳，在絳州翼城縣東南十五里。諸侯譜云：「晉穆（公）〔侯〕遷都於絳，曾孫孝（公）侯改絳爲翼，至獻公又命曰絳。」史記晉世家「翼晉君都邑也」補正義引。又詩地理考卷二唐引末有「景公遷新田」五字。按晉至曲沃武公始稱公，此引兩「公」字皆當作「侯」，詩地理考引不誤，今據改。

澮水（縣）在絳州翼城縣東南二十五里。史記趙世家「魏敗我澮取皮牢」正義引，又通鑑卷二周顯王紀

「魏敗韓師趙師于澮」注引。按「縣」字衍，通鑑注引無。

澮高山，又云澮山，在絳州翼城縣東(北)〔南〕二十五里，澮水出北山。史記魏世家「翟敗我于澮」正義引。按澮水出澮山，澮水在翼城東南，澮山所在當同，元和郡縣志作「東南二十五里」是，今據改。

泰州

龍門縣

皮氏故城在(絳)〔泰〕州龍門縣西百三十步，自秦、漢、魏、晉皮氏縣皆治此。史記河渠書「溉皮氏汾陰下」正義引。又史記魏世家「秦取我汾陰皮氏焦」正義引作「皮氏故城在絳州龍門縣西一百八十步」。又史記秦始皇本紀「渡河取汾陰皮氏」正義引作「皮氏在絳州龍門縣西一里八十步，卽古皮氏城也」。按「絳」字當作「泰」。唐初泰州領龍門、萬泉、汾陰、芮縣四縣，貞觀十八年廢泰州及芮縣，以龍門、萬泉屬絳州，汾陰屬蒲州。括地志序略有泰州，則此三縣應稱泰州，今改。

故耿城今名耿倉城，在(絳)〔泰〕州龍門縣東南十二里故耿國也。都城記云：「耿，(嬴)〔姬〕姓國。」史記秦本紀「晉滅霍魏耿」正義引。按「嬴」當作「姬」，據左傳閔公元年杜預注改。

龍門山在(絳)〔泰〕州龍門縣。史記貨殖列傳「龍門碣石」正義引。

汾陰縣

汾陰故城俗名殷湯城，在（蒲）〔泰〕州汾陰縣北。史記秦本紀「渡河取汾陰皮氏」正義引。又通鑑卷二周顯王紀「取汾陰皮氏」注引作「汾陰故城在蒲州汾陰縣北九里」。

晉州

臨汾縣

平陽故城卽晉州城西面，今平陽故城東面也。城記云堯築也。史記外戚世家「號曰平陽公主」正義引。又通鑑地理通釋卷九「韓平陽」引作「晉州城因平陽故城東面而爲之」。

平陽，今晉州所理平陽故城是也。史記五帝本紀「帝堯者」正義引，又通鑑地理通釋卷四堯都引。

高梁故城在晉州臨汾縣東北二十七里。水經汾水西過高梁邑西。通鑑地理通釋卷十四東西魏周齊相攻地名考引。

襄陵在晉州臨汾縣東南三十五里。闞駰十三州志云：「襄陵晉大夫犨邑也。」史記秦本紀「王與楚王會襄陵」正義。又通鑑卷二周顯王紀「圍魏襄陵」注引首十四字。

平陽河水一名晉水。史記五帝本紀「帝堯者」正義引。

洪洞縣

故楊城，本（秦）〔春秋〕時楊國，漢楊縣城也，今晉州洪洞縣也。至隋爲楊，唐初改爲洪洞，以故洪洞鎮爲名也。秦及漢皆屬河東郡。史記酷吏列傳「郅都者楊人也」正義引。按左傳昭公二十八年「分羊舌氏之田以爲三縣，僚安爲楊氏大夫」，卽此楊國，「秦」當作「春秋」。

郅都墓在洪洞縣東南二十里。史記酷吏列傳「郅都者楊人也」正義引。

岳陽縣

千畝原在晉州岳陽縣北九十里。史記周本紀「宣王不修籍於千畝」正義引，又史記趙世家「及千畝戰」正義引。

呂州

霍邑縣

（晉）〔呂〕州霍邑縣，漢彘縣也，後漢改曰永安，隋改曰霍邑，本春秋時霍伯國也。史記魏世家「魏悼子徙治霍」正義。又史記周本紀「厲王出奔於彘」正義引作「晉州霍邑縣本漢彘縣，後改曰永安」。按唐呂州武德元年置，領霍邑、趙城、汾西、靈石四縣，貞觀十七年廢呂州，以靈石屬汾州，其餘三縣屬晉州，括地志序略有呂州，則霍邑、趙城當稱呂州霍邑縣及呂州趙城縣。

(晉)〔呂〕州霍邑縣，(又)〔本〕春秋時霍伯國。韋昭云：「霍，姬姓也。」史記秦本紀「晉滅霍」正義引。按「又」爲「本」字之誤。

(晉)〔呂〕州霍邑縣，本漢彘縣也。鄭玄注周禮云「霍山在彘」。春秋時霍伯國也。史記管蔡世家「次曰霍叔處」正義引，又史記齊太公世家「周厲王出奔居彘」正義引。

趙城縣

趙城，今(晉)〔呂〕州趙城縣是。本彘縣地，後改曰永安，即造父之邑也。史記秦本紀「繆王以趙城封造父」正義引。

隰州

隰川縣

蒲邑故城在隰州隰川縣北四十五里。在蒲水之北，故曰蒲陽。卽晉公子重耳所居也。史記秦始皇本紀「攻魏垣蒲陽」正義引。又史記魏世家「秦拔我垣蒲陽衍」正義引無末句。

慈州

吉昌縣

壺口山在慈州吉昌縣西南五十里。史記夏本紀「壺口治梁及岐」正義引。

昌寧縣

故鄂城在慈州昌寧縣東二里，絳州夏縣相近。史記晉世家「故曰唐叔虞」正義引，又詩地理考卷二唐引。

文城縣

文城故城在慈州文城縣西北四十里。故老云此城晉文公爲公子時避驪姬之難，從蒲奔翟，因築此城，遂呼爲文城。風俗通云：「春秋傳曰狄本山戎之别也，其後分居，號曰赤翟、白翟。」史記晉世家「重耳遂奔翟」補正義引。

石州

離石縣

離石縣，今石州所理縣也。史記周本紀「北取趙藺離石者」正義引。

潞州

上黨縣

潞州本赤翟地。史記匈奴列傳「號曰赤翟白翟」正義引。

長子縣

屯留故城在潞州長子縣東北三十里，漢屯留〔縣，古留〕吁國也。史記秦始皇本紀「將軍擊趙反死屯留」正義引。又史記趙世家「徙處屯留」正義引作「屯留故城在潞州長子縣東北三十里，本漢屯留縣城也」。又通鑑地理通釋卷九「韓屯留之道」引首十五字。按春秋赤翟留吁，晉滅其國名純留，見左傳宣公十六年及襄公十八年，此引有脫誤，今補「縣古留」三字。

漳水一名濁漳水，源出潞州長子縣西力黄山。地理志云濁漳水(在)〔出〕長子鹿谷山，東至鄴入清漳。史記河渠書「西門豹引漳水溉鄴」正義引。按「在」當作「出」，據漢書地理志改。

屯留縣

降水源出潞州屯留縣西南〔方山〕，東北流，至冀州入海。史記夏本紀「北過降水」正義引。按各本史記此正義作「西南方東北流」，清吴春照校柯維熊本，張文虎校金陵本均删「方」字。河渠書「過降水」正義云「降水源出屯留縣西南方山」，蓋本括地志爲説，元和郡縣志亦云「出方山」，今據增。

黎城縣

故黎城，黎侯國也，在潞州黎城縣東北十八里。尚書曰「西伯既勘黎」是也。史記周本紀「明年敗耆國」正義引。又詩地理考卷一黎侯引無「尚書曰」以下文。

銅鞮縣

銅鞮故城在潞州銅鞮縣東十五里，州西六十五里，在并州東南也。史記絳侯周勃世家「攻韓信軍銅鞮」正義引。

閼與聚一名烏蘇城，在潞州銅鞮縣西北二十里，趙奢破秦軍處。又儀州和順縣即古閼與城，亦云趙奢破秦軍處。然儀州與潞州相近，二所未詳。又〔有〕閼與山，在洺州武安縣西南五十里，趙奢拒秦軍於閼與，即此山也。史記秦本紀「中更胡陽攻趙閼與」正義。又史記趙世家「秦韓相攻而圍閼與」正義引作「閼與聚落本名烏蘇城，在潞州銅鞮縣西北二十里。又儀州和順縣城亦云韓閼與邑，二所未詳。又有閼與山，在洺州武安縣西南五十里，蓋是也。」按秦本紀正義蓋爲括地志原文。「有」字，依趙世家正義引增。

沁州

沁源縣

霍太山在沁州沁源縣西七八十里。史記夏本紀「既修太原至于嶽陽」正義引。又史記夏本紀「雷首壺口至于太嶽」正義引作「太嶽，霍山也，在沁州沁源縣。」

三神祠今名原過祠，今在霍山側。史記趙世家「使原過主霍太山祠祀」正義引。

澤州

晉城縣

高都故城，今澤州也。史記秦本紀「蒙驁攻魏高都」正義引，又通鑑卷六秦莊襄王紀「取高都汲」注引。

高平縣

光狼故城在澤州高平縣西二十里。史記秦本紀「白起攻趙取代光狼城」正義引。

長平故城在澤州高平縣西(三)〔二〕十一里，卽白起敗括於長平處。史記趙世家「廉頗將軍軍長平」正義引。又史記白起王翦列傳「趙軍長平」正義「長平故城在澤州高平縣西二十一里。」按「三」當作「二」，依白起王翦列傳正義改，元和郡縣志亦説長平在高平縣西二十一里。

趙鄣故城一名都尉城，今名趙東城，在澤州高平縣西二十五里；又有故轂城，此二城卽二障也。史記白起王翦列傳「陷趙軍取二障四尉」正義引。

趙西壘在澤州高平縣北六里，卽廉頗堅壁以待秦，王齕奪趙西壘壁者。史記白起王翦列傳「奪西壁壘」正義。

趙壁，今名趙東壁，亦名趙東長壘，在澤州高平縣北五里，卽趙括作壁敗處。史記白起王翦列傳「趙戰不利因築壁堅守」正義。

秦壁一名秦壘，今亦名秦長壘。史記白起王翦列傳「追造秦壁」正義。

頭顱山一名白起臺，在澤州高平縣西五里。史記趙世家「卒四十萬皆坑之」補正義引。

濩澤縣

析城山在澤州〔濩澤縣〕西南七十里。注水經云「析城山甚高峻，上平坦，〔下〕有二（水）〔泉〕，東濁西清，左右不生草木。」史記夏本紀「砥柱析城」正義引。按此引脱縣名，據水經沁水注「析城山在濩澤南」增「濩澤縣」三字。濩澤縣後改名陽城。「下」字「泉」字亦據水經沁水注增改。

代州

雁門縣

勾注山一名西（徑）〔陘〕山，在代州雁門縣西北（四）〔三〕十里。史記趙世家「羊腸之西勾注之地」正義引。又史記孝文本紀「軍勾注」補正義引作「勾注山一名西陲山，在代州雁門縣西北三十里」。又史記劉敬叔孫通列傳「漢兵已踰勾注」正義作「勾注山在代州雁門縣西北三十里」。按「徑」「陲」皆當作「陘」，「四」當作「三」，太平寰宇記代州雁門縣引水經注云「勾注山一名西陘山，在雁門縣西北三十里」，今據改。

廣武故城在代州雁門縣界。史記韓王信盧綰列傳「屯廣武以南」補正義引。

夏屋山一名賈屋山，今名賈母山，在代州雁門縣東北三十五里。夏屋與勾注相接，蓋北方之險，亦天下之阻路，所以分别内外也。史記趙世家「北登夏屋」正義引。

崞縣

原平故城，漢原平縣也，在代州崞縣南三十五里。史記趙世家「趙衰爲原大夫居原」正義引。

樓煩在（并）〔代〕州崞縣界。地理志云在雁門郡。史記絳侯周勃世家「還攻樓煩三城」正義引。按崞縣屬代州，「并」字誤。

繁時縣

葰人故城在代州繁時縣界，漢葰人縣也。史記絳侯周勃世家「降下霍人」正義引，又史記樊酈滕灌列傳「自霍人以往至雲中」正義引。

朔州

善陽縣

朔州，春秋時北〔狄〕地也。如淳云儋林也。爲李牧所滅。史記匈奴列傳「晉北有林胡」正義引。

按此引脫「狄」字，據元和郡縣志補。

朔州〔城〕，漢雁門（卽）〔郡〕馬邑縣城也。　史記高祖本紀「匈奴攻韓王信馬邑」正義引。　按漢馬邑縣故城卽唐朔州善陽縣外城，此引有脫誤，據方輿紀要卷四十四山西朔州引舊志補「城」字。「卽」爲「郡」之誤。

新城一名小平城，在朔州善陽縣西南四十七里。　史記秦本紀「攻榆次新城」正義引。

趙武靈王長城，在朔州善陽縣北。注水經云：「白道（長）城北〔出〕山〔椒〕上有（長）垣若頹（毀）〔基〕焉，沿溪亘嶺，東西無極，（蓋）〔疑〕卽趙武靈王所築也。」　史記匈奴列傳「北破林胡樓煩築長城」正義引。　按此有脫誤，據水經河水注增改。

陰山在朔州北塞外突厥界。　史記匈奴列傳「自代並陰山下」正義引，又通鑑卷六秦始皇紀「自代並陰山」注引。

定襄故城在朔州善陽縣北三百八十里。地理志云：「定襄郡，高帝置。」　史記匈奴列傳「又復入代郡定襄」正義引。　又通鑑卷十八漢武帝紀「匈奴入代郡定襄上郡」注引無地理志以下十字。

武泉故城在朔州北二百二十里。　史記絳侯周勃世家「以前至武泉」正義引，又史記樊酈滕灌列傳「破胡騎於武泉北」正義。

雲中郡、縣在朔州善陽縣北三百八十里定襄故城是也。　史記樊酈滕灌列傳「自霍人以往至雲中」正義。

定襄縣

朔州定襄縣，本漢平城縣。縣東北三十里有白登山，山上有臺名曰白登臺，漢書匈奴傳曰「冒頓圍高帝於白登七日」，卽此也。服虔云：「白登，臺名，去平城七里。」李穆叔趙記云「平城東七里有土山，高百餘尺，方十餘里」，亦謂此也。史記高祖本紀「遂至平城」正義引。又史記絳侯周勃世家「因擊胡騎平城下」正義引作「朔州定襄縣，本漢平城縣。」又史記匈奴列傳「圍高帝白登」正義引作「白登臺在白登山上，朔州定襄縣東三十里。」按唐初定襄縣屬朔州，貞觀十四年移于恒安鎮，屬沂州。

東安陽故城在朔州定襄縣界。地理志云東安陽縣屬代郡。史記趙世家「封長子章爲代安陽君」正義引。

當城在朔州定襄縣界。（土地）十三州（記）〔志〕云：「當城在高柳東八十里，縣當（常）〔恒都〕山，故曰當城。」史記高祖本紀「斬陳豨當城」正義引。按「土地」二字衍。「記」當作「志」。漢書地理志代郡當城顏師古注引闞駰十三州志與此同，作「恒都山」，今據改。

參合故城在朔州定襄縣北。通鑑卷十二漢高帝紀「斬韓王信於參合」注引，又史記韓王信盧綰列傳「復與胡騎入居參合」正義。

蔚州

靈邱縣

靈邱，蔚州理縣也。史記趙世家「趙以靈邱封楚相春申君」正義引。

靈邱故城在蔚州靈邱縣東十里，漢縣也。史記絳侯周勃世家「因復擊豨靈邱」正義引。

故平舒城在蔚州靈邱縣北九十三里。史記趙世家「燕以葛武陽平舒與趙」正義引。

趙武靈王墓在蔚州靈邱縣東三十里。史記趙世家「餓死沙丘宮」補正義引。

飛狐縣

摩笄山一名磨笄山，亦名爲山，在蔚州飛狐縣東北百五十里。魏土地記云：「代郡東南二十五里有馬頭山，趙襄子既殺代王，使人迎其婦，代王夫人曰：『以弟慢夫非仁也，以夫慢弟非義也。』磨笄自刺而死，使者遂亦自殺。」史記趙世家「名之爲摩笄之山」正義引。

蔚州飛狐縣北百五十里有秦、漢故〔代〕郡城，西南有山，俗號飛狐口。史記酈生陸賈列傳「距蜚狐之口」正義引。按據匈奴列傳正義增「代」字，此脫。

代郡城，北狄代國，秦、漢代縣城也，在蔚州（羌胡）〔飛狐〕縣北百五十里。史記匈奴列傳「直代雲中」正義。按「羌胡」爲「飛狐」之誤，依酈生陸賈列傳正義引改。

并州

太原縣

并州太原，地名大明城，卽古晉陽城，智伯與韓、魏攻趙襄子於晉陽，卽此城也。史記梁孝王世家「以參爲太原王」正義引。

晉陽縣

大夏，今并州晉陽及汾、絳等州是。昔高辛氏實沈居之，西近河。史記秦始皇本紀「禹鑿龍門通大夏」正義引。

晉水源出并州晉陽縣西懸（壅）〔甕〕山。山海經云：「懸（壅）〔甕〕之山，晉水出焉，東南流注于汾水。」晉趙襄子保晉陽，智氏防山以水灌之，不没者三版。其瀆乘高西入晉陽城以周溉灌，東南出城注于汾（陽）也。史記魏世家「決晉水以灌晉陽之城」正義引。按「壅」誤，當作「甕」，「懸甕山以山腹有巨石如甕而得名。「陽」字衍，據水經晉水注删。

故唐城在并州晉陽縣北二里。城記云堯築也。徐才宗國都城記云：「唐叔虞之子燮父徙居晉水傍，今并（理）〔州〕故唐城。唐者卽燮父所徙之處，其城南半入州城，中削爲坊，城牆北半見在。」毛詩譜云：「叔虞子燮父以堯虛南有晉水，故曰晉侯。」史記晉世家「子燮是爲晉侯」正義引，又通鑑卷一周安王紀「孝公頃立」注引。按唐初并州太原、晉陽兩縣俱在州城，故晉陽亦可稱并州，此「理」字當作「州」。

榆次縣

榆次，并州縣，卽古榆次也。史記秦本紀「攻趙榆次」正義引。

清源縣

梗陽故城在并州清源縣南百二十步。〔清源，唐〕分晉陽縣置，本漢榆次縣地，春秋時晉大夫祁氏邑也。史記趙世家「秦取梗陽」正義引。按隋於梗陽故城置清源縣，後廢入晉陽縣，唐初又於梗陽故城北重置清源縣，故云「分晉陽置」，今增「清源唐」三字方合。

祁縣

并州祁縣城，晉大夫祁奚之邑。史記孝文本紀「祁侯賀爲將軍」正義引。

文水縣

大陵城在并州文水縣北十三里，漢大陵縣城。史記趙世家「肅侯游大陵」正義引。

陽曲縣

狼孟故城在并州陽曲縣東北二十六里。史記秦本紀「攻趙新城榆次狼孟」正義引，又通鑑卷六秦莊襄王紀「取榆次狼孟等三十七城」注引。

盂縣

并州盂縣外城，俗名原仇(山)〔城〕，亦名仇猶〔城〕，夷狄之國也。韓子云：「智伯欲伐仇猶(國)，道險難不通，乃鑄大鍾遺之，載以廣車。仇猶大悦，除塗内之。赤章曼支諫曰：『不可。此所以小事大；而今以大遺小，卒必隨，不可。』不聽，遂内之。曼支因斷轂而馳，至十九日而仇猶亡。」史記樗里子甘茂列傳「智伯之伐仇猶」正義引。按「山」當作「城」，又脱「城」字，據元和郡縣志增改。此引韓非子説林，有脱誤，今據改。

樂平縣

昔陽故城一名陽城，在并州樂平縣東。春秋釋地名云：「昔陽，肥國所都也，樂平（城）沾縣東有昔陽城。」肥國，白狄別種也。樂平縣城，漢沾縣城也。史記趙世家「廉頗將攻齊昔陽」正義引。按「城」字衍，晉沾縣屬樂平郡，據左傳昭公十二年杜預注删。

石艾縣

井陘故關在并州石艾縣東〔八〕十（八）里，卽井陘口。史記淮陰侯列傳「聚兵井陘口」正義。按「八十」兩字誤倒爲「十八」，據元和郡縣志卷十三太原府廣陽縣及讀史方輿紀要卷四十山西平定州井陘條改。按此當是引括地志，張守節時石艾已更名廣陽。

嵐州

宜芳縣

嵐州，樓煩胡地也。風俗通云故樓煩胡地也。史記匈奴列傳「晉北有林胡樓煩之戎」正義引。

静樂縣

汾水源出嵐州静樂縣北百三十里管涔山(北)，東南流入并州，即西南流入(至)絳州，〔至〕蒲州入河。史記河渠書「穿渠引汾」正義引。按「北」字衍，「至」字錯在「絳州」上，今據太平寰宇記删改。

懷州

河内縣

故絺城在懷州河内縣西三十二里，左傳云蘇忿生(七)十二邑，絺其一也。史記秦本紀「攻魏高都汲」正義引。按「七」字衍。

故邘城在懷州河内縣西北二十七里，古邘國(地)也。左傳云：「邘、晉、應、韓，武之穆也。」史記周本紀「明年伐邘」正義引，又項羽本紀「引兵擊秦軍汙水」正義引。按水經沁水注「邘水南逕邘城西，故邘國」。此「地」字當删。

太行山在懷州河内縣北二十五里。史記夏本紀「太行常山」正義引，又通鑑卷五周赧王紀「取南陽攻太行」注引。

太行、恒山連延，東北接碣石，西北接嶽鄙。史記周本紀「北望嶽鄙」正義引。

羊腸坂道在太行山上，南口懷州，北口潞州。史記魏世家「昔者魏伐趙斷羊腸」正義引。

野王在懷州河内縣，本春秋野王邑。史記白起王翦列傳「伐韓之野王」補正義引。

武陟縣

故懷城在懷州武陟縣西十一里。史記夏本紀「覃懷致功」正義引，又通鑑卷五周赧王紀「伐魏拔懷」注引。

武德縣

懷州武德縣，本周司寇蘇忿生之州邑也。史記韓世家「宣子徙居州」正義引，又通鑑地理通釋六國引。

平皋故城，本邢丘邑，漢置平皋縣，在懷州武德縣東南二〔十〕里，以其在河之皋地也。史記魏世家「秦固有懷茅邢丘」正義引。又史記秦本紀「攻魏取邢丘懷」正義引作「平皋故城在懷州武德縣東南二十五里。」又史記白起王翦列傳「攻韓圍邢丘」正義「邢丘在懷州武德縣東南二十里平皋故城是也」。按魏世家正義引脱「十」字，依白起王翦列傳正義補。秦本紀正義引「二十五里」，衍「五」字。唐武德縣在今河南武陟縣東南四十里，漢平皋縣在武陟縣東南六十里，是平皋在武德東南二十里。

修武縣

山陽故城在懷州修武縣西北太行山東南。史記秦始皇本紀「繆毐封爲長信侯予之山陽地」正義引。

大寧城西二十里有小寧城。路史國名紀乙引。

懷州修武縣本殷之寧邑。韓詩外傳云：「武王伐殷，勒兵於寧，故曰修武。」史記魏世家「通韓上黨於共寧」正義。

獲嘉縣

懷州獲嘉縣，古修武也。史記魏世家「秦固有懷茅」正義引。

懷州獲嘉縣，卽古之南陽。杜預曰：「在晉(州)山南河北，故曰南陽。」史記秦本紀「魏入南陽以和」正義引。按「晉」下衍「州」字，據左傳僖公二十五年杜注删。

茅在懷州獲嘉縣東北二十五里。史記魏世家「秦固有懷茅」正義引，又通鑑地理通釋卷九懷茅引。

濟源縣

故軹城在懷州濟源縣東南十三里，七國時魏邑。史記蘇秦列傳「左更錯取軹及鄧」正義引，又史記吕太后本紀「子朝爲軹侯」正義引。

故原城在懷州濟源縣西北二里。左傳云襄王以原賜晉文公，原不服，文公伐原以示信，原降，以趙衰爲原大夫，卽此也。原本周畿内邑。 史記趙世家「趙衰爲原大夫居原」正義引。又通鑑地理通釋卷四「趙衰居原」引首十三字。

曲陽故城在懷州濟源縣西十里。 史記魏世家「秦拔我新垣曲陽」正義引。

河陽縣

故鄧城在懷州河陽縣西三十一里，六國時魏邑。 史記秦本紀「左更錯取鄧及軹」正義引。

盟津，周武王伐紂，與八百諸侯會盟津，亦曰孟津，又曰富平津。〔注〕水經云小平津，今云河陽津也。 史記夏本紀「又東至於盟津」正義引。按此引酈道元注，今增「注」字。水經河水注于盟津云「又曰富平津，又謂之陶河，」不言又名小平津。小平津見洛水注，爲漢靈帝所置八關之一，括地志乃引之以爲盟津別名。

盟津在（洛）〔懷〕州河陽縣南門外。 史記河渠書「東下砥柱及孟津」正義。按河陽屬懷州，此「洛」字誤，今改。

高平故城在懷州河陽縣西北四十里，俗謂之韓王城，非也。周桓王以與鄭，竹書紀年云：「魏襄王四年，鄭侯使〔韓〕辰歸晉陽〔及〕向，〔二月城陽〕，更名陽爲河雍，向爲高平。」通鑑地理通釋卷九少曲注引。又史記范雎蔡澤列傳「東伐韓少曲高平」正義引作「南韓王城在懷州河陽縣西北四十里，俗謂韓王城非也。春秋時周桓王以與鄭，紀年云『鄭侯使辰歸晉陽向，更名高平』。」又史記趙世家「反高平根柔於魏」正義引作「高平故城在懷州河陽縣西四十里。紀年云魏哀王改向曰高平也。」按通鑑注引有脫字，今據水經濟水注引汲郡竹書紀年補「韓」字、「及」字、「二月城陽」句。趙世家正義引「西四十里」當作「西北四十里」，「哀王」當作「襄王」。

温縣

故温城在懷州温縣西三十里，漢、晉爲縣。本周司寇蘇忿生之邑，左傳云周與鄭人蘇忿生十二邑，温其一也。地理志云温縣，故國，己姓，蘇忿生所封也。史記周本紀「取襄王所絀翟后與居温」正義引。

懷州温縣，本李城也，李同父所封，隋煬帝從故温城移縣於此。史記平原君虞卿列傳「李同戰死封其父爲李侯」正義。

王屋縣

王屋山在懷州王屋縣北十里。古今地名云：「山方七百里，山高萬仞，本冀州之河陽山也。」史記夏本紀「砥柱析城至于王屋」正義引。

中條山在王屋縣西北九十里，東接王屋山，南入絳州垣縣界。太平寰宇記卷五王屋縣引魏王泰地志。

沇水出懷州王屋縣北十里王屋山頂崖下，石泉渟不流，其深不測，既見而伏，至濟源縣西北二里平地其源重發，而東南流爲〔汜〕〔泲〕水。史記夏本紀「道沇水東爲濟」正義引。按沇水無汜水之名，「汜」當作「泲」，形近致誤，今據水經濟水注改。

相州

安陽縣

安陽縣，相州所理縣，七國時魏寧新中邑。秦昭〔襄〕王拔魏寧新中，更名安陽。史記項羽本紀「行至安陽」正義引。又史記秦本紀「卽從唐拔寧新中」正義引作「寧新中，七國時魏邑，秦昭襄王拔魏寧新中，更名安陽，城卽今相州外城也。」按項羽本紀正義引脱「襄」字，秦本紀正義引有，今補。秦拔寧新中在秦昭襄王五十年。

相州安陽〔縣〕本盤庚所都，卽北蒙殷墟，南去朝歌城百四十六里。竹書紀年云「盤庚自奄遷于北蒙，曰殷墟，南去鄴四十里」，是舊都城。西南三十里有洹水，南岸三里有安陽城，西有城名殷墟，所謂北蒙也。史記殷本紀殷契正義引。又玉海卷四殷商引無「是舊都」以下文。按玉海引有「縣」字。

防陵城在相州安陽縣南二十里。史記廉頗藺相如傳「攻魏之防陵安陽」正義。

鄴縣

伯陽故城一名邯會城，在相州鄴縣西五十五里，七國時魏邑，漢邯會城。史記趙世家「攻魏伯陽」正義引。

按橫渠首接漳水，蓋西門豹、史起所鑿之渠也。溝洫志云：「魏文侯時，西門豹爲鄴令，有令名。至文侯曾孫襄王與羣臣飲，祝曰：『令吾臣皆如西門豹之爲人臣也。』史起進曰：『魏氏之行田也以百畝，鄴獨二百畝，是田惡也。漳水在其旁，西門不知用，是不智；知而不興，是不仁。仁智豹未之盡，何足法也！』於是史起爲鄴令，遂引漳水以溉鄴，以富魏之河內。」左思魏都賦云：「西門溉其前，史起灌其後」也。史記滑稽列傳「西門豹卽發民鑿十二渠引河水灌民田」正義引。

臨漳縣

平陽故城在相州臨漳縣西二十五里。平陽戰國時屬韓，後屬趙。史記秦始皇本紀「桓齮攻趙平陽」正義引，又通鑑卷六秦始皇紀「敗趙將扈輒於平陽」注引。

林慮縣

石城在相州林慮縣西南九十里。史記趙世家「秦拔我石城」正義引，又通鑑卷四周赧王紀「秦拔趙石城」注引。

滏陽縣

相州滏陽縣西南五十里有九侯城，亦名鬼侯城，卽殷時九侯城也。史記殷本紀「以西伯昌九侯鄂侯爲三公」正義引。

濁漳水又東經葛公亭北，經三户峽爲三户津，在相州滏陽縣界。史記項羽本紀「楚雖三户」正義引。又通鑑卷六秦二世紀「引兵渡三户」注引作「三户津在相州滏陽縣界。」

魏州

元城縣

陽狐郭在魏州元城縣東北三十里。史記魏世家「秦伐我至陽狐」正義引，又史記田敬仲完世家「伐晉毀黃城圍陽狐」正義引。

頓丘縣

觀澤故城在魏州頓丘縣東十八里。史記趙世家「齊敗我觀澤」正義引，又史記韓世家「虜得韓將鯁甲差濁澤」正義引，又通鑑卷三周慎靚王紀濁澤注引。

陰安故城在魏州頓丘縣北六十里。史記外戚世家「一曰陰安侯」正義引。

頓丘故城在魏州頓丘縣東北二十里。史記蘇秦列傳「決宿胥之口魏無虛頓丘」正義引。

冠氏縣

故黃城在魏州冠氏縣南十里，因黃溝爲名。史記趙世家「拔魏黃城」正義引。又史記田敬仲完世家「伐晉毀黃城」正義引無「因黃溝爲名」句。

昌樂縣

平邑故城在魏州昌樂縣東北四十里。史記趙世家「伐齊至平邑」正義引。又史記趙世家「欲通平邑之道」正義、史記廉頗藺相如列傳「至平邑而罷」正義與趙世家正義引同，但作「三十里」。

觀城縣

魏州觀城縣，古之觀國。國語注：「觀國，夏啟子太康第五弟之所封也，夏衰，滅之矣。」史記魏世家「齊敗我觀」正義。

黎州

黎陽縣

大邳山今名黎陽東山，又曰青壇山，在（衛）〔黎〕州黎陽縣南七里。史記夏本紀「至于大邳」正義引。按唐初黎州，武德初置，領黎陽、內黃、臨河、澶水四縣，貞觀十七年廢黎州及澶水縣，以黎陽、臨河屬衞州，內黃屬相州。括地志序略有黎州，則黎陽等縣不能以改屬州名稱之，今各改正。

內黃縣

故殷城在（相）〔黎〕州內黃縣東南十三里，卽河亶甲所築都之，故名殷城也。史記殷本紀

「河亶甲居相」正義引，又玉海卷四商都引。

繁陽故城在（相）〔黎〕州内黃縣北二十七里。應劭云：「〔在〕繁水之北，故曰繁陽」也。史記趙世家「廉頗將攻繁陽」正義引。按據漢書地理志魏郡繁陽注增「在」字。

澶水縣

故戚城在（相）〔黎〕州澶水縣東三十里，杜預云「戚衞邑，在頓丘衞縣西有戚城」是也。史記趙世家「衞不内居戚」正義引。

衞州

汲縣

今衞州城卽殷牧野之地，周武王伐紂所築也。史記殷本紀「紂亦發兵距之牧野」正義引。

衞州城，故老云周武王伐紂至於商郊牧野，乃築此城。酈元注水經云自朝歌南至清水，土地平衍，據皋跨澤，悉牧野也。史記周本紀「武王朝至於商郊牧野」正義引。

紂都朝歌在衞州東北七十三里朝歌故城是也。本妹邑，殷王武丁始都之。帝王世紀云帝乙復濟河北徙朝歌，其子紂仍都焉。史記周本紀「武王朝至于商郊牧野」正義引，又玉海卷四牧野引，又通鑑地理通釋卷四商都引。

汲故城在衞州所理汲縣西南二十五里。史記秦本紀「攻魏高都汲拔之」正義引，又通鑑卷六秦莊襄王紀「伐魏取高都汲」注引。

南津一名石濟津，又名棘津，在衞州(汝)〔汲〕縣南，文公渡河伐曹，卽是也。史記晉世家「還自河南度」補正義引。又史記衞康叔世家「晉更從河南度」補正義引作「衞州汲縣南，河水至此有棘津之名，亦謂之石濟津，故南津也。」又史記游俠列傳「呂尚困於棘津」正義引作「棘津，古亦謂之石濟津，故南津。」按晉世家引誤作「汝縣」，今據衞康叔世家引改。又衞世家引誤作「右濟津」。

比干墓在衞州汲縣北十里二百五十步。史記周本紀「命閎夭封比干之墓」正義引。

比干見微子去，箕子狂，乃歎曰：「主過不諫非忠也，畏死不言非勇也。過則諫，不用則死，忠之至也。」遂諫，不去者三日。紂問：「何以自持？」比干曰：「修善行仁，以義自持。」紂怒，曰：「吾聞聖人心有七竅，信諸？」遂殺比干，剖視其心也。史記殷本紀「剖比干觀其心」正義引。

衞縣

魏德故城一名晉鄙城，在衞縣西北五十里，卽公子無忌矯奪晉鄙兵，故名魏德城也。史記魏世家「奪將軍晉鄙兵以救趙」正義引。

朝歌故城在衛縣西二十三里，衛州東北七十二里，謂之殷虛。通鑑地理通釋卷六「三監」引，又詩地理考卷一沬引。

鹿臺在衛州衛縣西南三十二里。史記殷本紀「厚賦稅以實鹿臺之錢」正義引。

酒池在衛州衛縣西二十三里。太公六韜云紂爲酒池，迴船糟而牛飲者三千餘人爲輩。史記殷本紀「以酒爲池」正義引。

清淇縣

延津，故俗字名臨津，故城在衛州清淇縣西南二十六里。杜預云「汲郡城南有延津」是也。史記魏世家「城垝津以臨河内」正義引。

洺州

武安縣

武安故城在洺州武安縣西南（七）〔五〕里，六國時趙邑，漢武安縣城也。史記外戚世家「封田蚡爲武安侯」正義引。按元和郡縣志説武安故城在武安縣西南五里。史記秦本紀「白起爲武安君」正義説「在武安縣西南五十里」，蓋衍「十」字。今依元和郡縣志改。

武始故城在(洛)〔洺〕州武(始)〔安〕縣西南十里。史記秦本紀「向壽伐韓取武始」正義引。按「洛」當作「洺」，「始」字涉上文誤，唐無武始縣。漢魏郡武始縣，于唐爲武安縣地，在今河北邯鄲縣西南。

閼與山在洺州武安縣西南五十里，趙奢距秦軍於閼與，卽此山。史記趙世家「秦韓相攻而圍閼與」正義引，又史記廉頗藺相如列傳「先據北山上者勝」正義引。

漳水源出洺州武安縣三門山。史記魏世家「與盟漳水下」正義。

臨洺縣

檀臺在洺州臨洺縣北三里。史記趙世家「魏獻榮椽因以爲檀臺」正義引。

邯鄲縣

馬服山〔在〕邯鄲縣西北十里。史記趙世家「賜號馬服君」正義引。又通鑑卷五周赧王紀「趙王封奢爲馬服君」注引作「邯鄲縣西北有馬服山。」增「在」字。

曲周縣

曲周故城在洺州曲周縣西南十五里。史記樊酈滕灌列傳「曲周侯酈商者」正義引。

邢州

龍崗縣

邢州城本漢襄國縣，秦置三十六郡，於此置信都縣，屬鉅鹿郡。項王改曰襄國，立張耳爲常山王，理信都。地理志故邢侯國也。帝王世紀云邢侯爲紂三公，以忠諫被誅。史記云周武王封周公旦之子爲邢侯。左傳云：「凡、蔣、邢、茅，周公之胤」也。史記項羽本紀「王趙地都襄國」正義引。又通鑑卷九漢高帝紀「治襄國」注引「立張耳」以上文。

邢國故城在邢州外城内西南角。十三州志云：「殷時邢國，周封〔周公旦子〕爲邢侯，都此。」通鑑地理通釋卷四「祖乙遷于邢」引，又詩地理考卷一邢侯引。按此引有脱文，據項羽本紀正義引補「周公旦子」四字。

平鄉縣

邢州平鄉縣城，本鉅鹿，〔王〕離圍趙王歇即此城。史記秦始皇本紀「擊趙王歇等於鉅鹿」正義引。

又通鑑地理通釋卷八「沙丘鉅鹿」引作「鉅鹿，邢州平鄉縣城」。據史文增「王」字。

濁漳水一名漳水，今俗名柳河，在邢州平鄉縣南。注水經云漳水一名大漳水，兼有㴾水之目也。史記項羽本紀「項羽軍漳南」正義引。

沙丘臺在邢州平鄉東北二十里。竹書紀年自盤庚徙殷至紂之滅，二百五十三年，更不徙都。紂時稍大其邑，南距朝歌，北據邯鄲及沙丘，皆爲離宮別館。史記殷本紀「益廣沙丘苑臺」正義引。

沙丘臺在邢州平鄉縣東北二十里。地理志趙、中山地薄人衆，猶有沙丘紂淫亂餘民。玉海卷八「沙丘鉅鹿」注引。

柏人縣

柏人故城在邢州柏人縣西北十二里，漢柏人屬趙國。史記高祖本紀「過柏人」正義引。

貝州

清陽縣

清陽故城在貝州清陽縣西北八里也。史記梁孝王世家「而徙代王王清河」正義引。

歷亭縣

東陽故城在貝州歷亭縣界。史記趙世家「王再之衞東陽決河水」正義引。

經城縣

枯絳渠在貝州經城縣界，北入信都縣界。通典卷一百八十引魏王泰地志。

博州

聊城縣

故聊城在博州聊城縣西二十里。春秋時齊之西聊攝也，戰國時亦爲齊地，秦、漢皆爲東郡之聊城也。史記高祖本紀「擊聊城」正義引，又通鑑卷十二漢高帝紀「渡河攻聊城」注引。又史記燕召公世家「唯獨聊莒卽墨」正義引首十三字。

堂邑縣

發干故城在博州堂邑縣西南二十三里。史記外戚世家「二日發干侯」正義引。

冀州

信都縣

扶柳故城在冀州信都縣西三十里，漢扶柳縣也。有〔扶〕澤，澤中多柳，故曰扶柳。史記呂太后本紀「呂平爲扶柳侯」正義引。按據漢書地理志信都國扶柳縣注引闞駰說補「扶」字。

昌城故城在冀州信都縣西北五里。史記趙世家「將攻昌城」正義引。

辟陽故城在冀州信都縣西三十五里，漢舊縣。史記高祖本紀「上使辟陽侯迎綰」正義引。

武邑縣

觀津城在冀州（棗陽）〔武邑〕縣東南二十五里。史記魏世家「齊伐我觀津」正義引。又史記樂毅列傳「三攉晉于觀津」正義、史記魏其武安侯列傳「父世觀津人」正義並云「觀津在冀州武邑縣東南二十五里。」按「棗陽」當作「武邑」，據樂毅列傳正義改，元和郡縣志觀津城亦在武邑縣東南。

竇少君墓在冀州武邑縣東南二十七里。史記外戚世家「弟曰竇廣國字少君」正義引。

德州

安德縣

故鬲城在德州安德縣西北十五里。史記曹相國世家「攻著漯陰平原鬲盧」正義引。

白石古城在德州安德縣北二十里。史記齊悼惠王世家白石侯正義引。

平原縣

平原故城在德州平原縣東南十里。史記曹相國世家「攻著漯陰平原鬲盧」正義引。

故鄃城在德州平原縣西南三十里，本漢鄃縣，吕他邑也。史記吕太后本紀「吕他爲俞侯」正義引。

觀州

蓨縣

故蓨城俗名南條城，在(德)〔觀〕州蓨縣南十二里，漢縣。史記絳侯周勃世家「亞夫封爲條侯」正義引。按唐觀州武德四年置，貞觀十七年廢。括地志序略有觀州，此蓨縣爲觀州舊領六縣之一，括地志當稱觀州蓨縣。

漢歷縣城在(德)〔觀〕州蓨縣西南四十六里。通鑑地理通釋卷八濮磨引。

深州

饒陽縣

(瀛)〔深〕州饒陽縣東二十里饒陽故城，漢縣也。史記趙世家「封長安君以饒」正義引。按括地志序略有深州，治饒陽，貞觀十七年廢深州，以饒陽屬瀛州，在括地志應是深州饒陽縣。

瀛州

河間縣

武垣縣今瀛州城是。地理志云武垣縣屬涿郡也。史記曹相國世家「追至武垣」正義引。又史記趙世家「武垣令傅豹」正義引作「武垣故城，今瀛州城是也」。

高陽縣

故葛城一名依城，又名西阿城，在瀛州高陽縣西北五十里。以徐、滱二水並過其西，又徂經其北。曲曰阿，以齊有東阿，故曰西阿城。地理志云瀛州屬河間，趙分也。史記趙世家「成侯與魏惠王遇葛孽」正義引。按此引括地志因張守節删節不當，並有脱奪，多不可解。地理志十二字，或是「瀛州，隋河間郡，地理志云河間趙分也」，俟考。

安都故城在瀛州高陽縣西南三十九里。史記齊悼惠王世家安都侯正義。

平舒縣

衡漳水在瀛州東北二百十五里平舒縣界也。史記夏本紀「至于衡漳」正義引。

文安縣

武平亭今名渭城，在瀛州文安縣北七十二里。史記趙世家「趙徙漳水武平西」正義引，又玉海卷八河漳引。

平曲縣故城在瀛州文安縣北七十里。史記孝景本紀「隴西太守渾邪爲平曲侯」正義引，又史記三王世家平曲侯正義。

滄州

清池縣

茅焦，滄州人也。史記秦始皇本紀「車裂以徇滅其宗」正義引。

南皮縣

故南皮城在滄州南皮縣北四里，本漢南皮縣城，卽陳餘所封也。史記項羽本紀「聞其在南皮」正義引，又史記外戚世家「封其子彭祖爲南平侯」正義引，又史記張耳陳餘列傳「聞其在南皮」正義。

鹽山縣

公孫弘所封平津鄉，在滄州鹽山縣南四十二里。史記三王世家「褒厲羣臣平津侯等」正義。

長蘆縣

燕留故城在滄州長蘆縣東北十七里，卽齊桓公分溝割燕君所至地與燕，因築此城，故名燕留。史記燕召公世家「桓公因割燕所至地與燕」正義引。

無棣縣

陽信故城在滄州無棣縣東南三十里，漢陽信縣。史記孝文本紀「封典客揭爲陽信侯」正義引。

陽信縣

富平故城在滄州陽信縣東南四十里，漢縣也。史記滑稽列傳「齊人東方生名朔」正義引。

魯城縣

章武〔今〕滄州魯城縣。史記外戚世家「乃封廣國爲章武侯」正義引。按漢勃海郡章武縣，北齊廢，隋于章武故城置魯城縣，唐因之，今增「今」字。

定州

恒陽縣

上曲陽故城在定州(曲)〔恒〕陽縣西五里。史記趙世家「合軍曲陽」正義引。又史記曹相國世家「擊魏王于曲陽」正義引作「上曲陽，定州恒陽縣是。」按開元中改恒陽爲曲陽，張守節以當時名稱改易舊名，曹相國世家正義引作恒陽縣是，今改。

定州恒陽縣西南四十里有白龍水，又有挾龍山。史記秦始皇本紀「以攻龍孤慶都」正義引。

恒山在定州恒陽縣西北百四十里。周禮云并州鎮曰恒山。史記封禪書「北嶽恒山也」正義引。

恒山在定州恒陽縣西北百四十里。道書福地記云：「恒山高三千三百丈，上方二十里，有太玄之泉，神草十九種，可度俗。」史記夏本紀「太行常山」正義引。

北岳有五別名：一曰蘭臺府，二曰列女宮，三曰華陽臺，四曰紫臺，五曰太一宮。史記趙世家「攻取丹丘華陽」正義引。

新樂縣

野臺一名義臺，在定州新樂縣西南六十三里。史記趙世家「爲野臺」正義引。

唐縣

定州唐縣，堯後所封。史記五帝本紀「堯子丹朱舜子商均皆有疆土」正義引，又玉海卷四帝堯都引。

中山故城一名中人亭，在定州唐縣東北四十一里，春秋時鮮虞國之中人邑也。史記趙世家「伐中山又戰於中人」正義引。又史記趙世家「將趙師而攻燕中陽」正義引、通鑑卷五周赧王紀「取中陽」注引無「春秋時鮮虞國之中人邑也」句。

定州唐縣東北五十四里有孤山，蓋都山也。帝王世紀云望堯母慶都所居。張晏云堯山在北，堯母慶都山在南，相去五十里，北登堯山，南望慶都山也。注水經云望都故城東有山，不連陵，名之曰孤。孤、都聲相近，疑卽孤山。史記秦始皇本紀「以攻龍孤慶都」正義引。

鳴上故關今名汝城，在定州唐縣東北六十里，本晉鴻上關城也。又有鴻上水，源出唐縣北葛洪山，接北岳恒山，與鴻上塞皆在定州。史記趙世家鳴之塞正義引。

北平縣

曲逆，定州北平縣東南十五里蒲陰故城是也。史記韓信盧綰列傳「漢兵擊斬陳豨將侯敞王黃於曲逆下」正義。

鼓城縣

下曲陽在定州鼓城縣西五里。史記曹相國世家「擊魏王於曲陽」正義引。

恒州

眞定縣

常山故城在恒州真定縣南八里，本漢東垣邑也。史記呂太后本紀「子不疑爲常山王」正義引。

稾城縣

宜安故城在恒州稾城縣西南二十五里。史記趙世家「秦攻赤麗宜安」正義引。又史記秦始皇本紀「取宜安」正義引作「宜安故城在常山稾城縣西南二十五里。」

肥纍故城在恒州稾城縣西七里，春秋時肥子國，白狄別種也。史記趙世家「與戰肥下」正義引。

行唐縣

行唐縣屬（冀）〔恒〕州。史記趙世家「城南行唐」正義引。按唐行唐縣卽漢南行唐，爲恒州屬縣，「冀」字誤。

并州

井陘縣

綿蔓水一名阜將，一名回星，自并州流入井陘界，韓信背水陣，即此水也。史記淮陰侯列傳「信乃使萬人先行出背水陳」正義引。

房山縣

番吾故城在(恒)〔井〕州房山縣東二十里。史記趙世家「番吾君自代來」正義引，又通鑑卷三周赧王紀「據番吾」注引。又史記蘇秦列傳「據番吾」正義引作「蒲吾故城在鎮州常山縣東二十里。」又史記廉頗藺相如列傳「秦攻番吾」正義作「番吾在相州房山縣東二十里。」按唐井州，武德元年置，貞觀十七年廢，舊領井陘、房山、鹿泉、靈壽四縣。括地志序略有井州，此四縣應屬之。鎮州即恒州改名，相州又恒州之誤。

鹿泉縣

石邑故城在(恒)〔井〕州鹿泉縣南三十五里，六國時舊邑。史記趙世家「取鄗石邑」正義引。

封龍山一名飛龍山，在(恒)〔井〕州鹿泉縣南四十五里，邑因山爲名。史記趙世家「取鄗石邑封龍東垣」正義引，又通鑑卷三周赧王紀「又取鄗石邑封龍東垣」注引。

幽州

薊縣

昌平故城在幽州東南六十里。史記齊悼惠王世家「以昌平侯文帝十六年爲膠西王」正義引。

(燕)元英、磨室二宮皆燕宮，在幽州薊縣西四〔十〕里寧臺之下。史記樂毅列傳「齊器設於寧臺」正義引，又通鑑地理通釋卷七寧臺引。按首「燕」字衍，通鑑地理通釋引無。「四」下脱「十」字，據太平寰宇記補。

碣石宮在幽州薊縣西(三)〔四〕十里寧臺之東。史記孟子荀卿列傳「築碣石宮」正義。按寧臺在薊縣西四十里，宫在臺東，此「三」字誤，今改。

良鄉縣

廣陽故城在幽州良鄉縣東北三十七里。史記三王世家「立燕故太子建爲廣陽王」正義引。

范陽縣

鳴澤在幽州范陽縣西十五里。史記封禪書鳴澤正義引。

督亢坡在幽州范陽縣東南十里。劉向別録云督亢，膏腴之地。風俗通云亢，莽也，言平望漭漭無涯際也。亢，澤之無水斥鹵之謂。史記燕召公世家「使荆軻獻督亢地圖于秦」補正義引。又玉海卷二十一引「督亢坡」以下十三字。

督亢坡在幽州范陽縣東南十里。今固安縣南有督亢陌，幽州南界。史記刺客列傳「燕督亢之地圖」正義。

固安縣

方城故城在幽州固安縣南十七里。史記趙世家「拔武遂方城」正義引，又通鑑卷六秦始皇紀「取武遂方城」注引。

臨鄉故城在幽州固安縣南十七里。史記趙世家「以龍兑汾門臨樂與燕」正義引。

昌平縣

幽州昌平縣，本漢渾都縣。史記絳侯周勃世家「屠渾都」正義引。

漁陽縣

幽州漁陽縣，本北戎無終子國。史記匈奴列傳「唐虞以上有山戎」正義引。

幽州漁陽縣東南七十七里北平城，卽漢右北平也。史記韓長孺列傳「屯右北平」正義。

燕山在幽州漁陽縣東南六十里。徐才宗國都城記云周武王封召公奭於燕，地在燕山之野，故國取名焉。史記周本紀「封召公奭於燕」正義引，又玉海卷四六國引。又詩地理考卷四燕引無「周武王封召公奭於燕」句，「取名焉」下有「北燕伯歟始見春秋」八字。

歸義縣

易縣故城在幽州歸義縣東南十五里，燕桓侯徙都臨易是也。史記絳侯周勃世家「破之易下」正義引。

易州

易縣

故安故城在易州界武陽城中東南隅故城是也。通鑑卷十五漢安帝紀「以嘉爲丞相封故安侯」注引，又史記張丞相列傳「因故邑封爲故安侯」正義。

易水一名故安河，又名北易水，源出易州易縣西谷中之東，東南流過歸義縣東與滹沱河合。通鑑地理通釋卷十燕易水引。又史記蘇秦列傳「南有滹沱易水」正義「易水出易州易縣，東流過歸義縣東與滹沱河合。」按通鑑地理通釋引「西谷中之東」，當是「西山寬中谷東」，括地志蓋本水經注爲説，見易水注。

永樂縣

易州永樂縣有徐水，出廣昌嶺，三源奇發，同瀉一澗，流至北平縣東南，歷石門中，俗謂之龍門，水經其間，奔激南出，觸石成井。史記趙世家「以龍兑汾門臨樂與燕」正義引。

遂城縣

易州遂城〔縣〕，戰國時武遂城也。史記趙世家「拔武遂方城」正義引，又通鑑卷六秦始皇紀「取武遂方城」注引。通鑑注引有「縣」字。

桑丘故城俗名敬城，在易州遂城縣界。史記田敬仲完世家「襲燕取桑丘」正義引，又史記魏世家「伐齊至桑丘」正義引，又史記趙世家「死于桑丘」正義引，又通鑑卷一周安王紀「伐齊至桑丘」注引。

北新城故城在易州遂城縣西南二十里。史記趙世家「以龍兑汾門臨樂與燕」正義引。

遂城縣西南二十五里有龍山，邢子勵趙記云：「龍山有四麓，各有一穴，大如車輪，春風出東，秋風出西，夏風出南，冬風出北，不相奪倫。」史記趙世家「以龍兑汾門臨樂與燕」正義引。

嬀州

懷戎縣

潘，今嬀州城是也。史記五帝本紀「代堯踐帝位」正義引。

上谷故城在嬀州懷戎縣東北百二十里。燕上谷，秦因不改，漢爲沮陽縣。史記絳侯周勃世家「復擊破綰軍沮陽」正義引。又通鑑卷六秦始皇本紀「軍上谷」注引首十六字。

釜山在嬀州懷戎縣北三里，山上有舜廟。史記五帝本紀「合符釜山」正義引。

羹頡山在嬀州懷戎縣東南十五里。史記楚元王世家「信爲羹頡侯」正義引。

嬀州有嬀水，源出城中，耆舊傳云卽舜釐二女于嬀汭之所。外城中有舜井，城北有歷山，山上有舜廟。史記五帝本紀「舜冀州之人也」正義引。

舜井在嬀州懷戎縣西外城中。其西又有一井，耆舊傳云並舜井也，舜自中出。帝王世紀云河東有舜井，未詳也。史記五帝本紀「舜穿井爲匿空旁出」正義引。

阪泉今名黃帝泉，在嬀州懷戎縣東五十六里，出五里至涿鹿，東北與涿水合。史記五帝本紀「戰于阪泉之野」正義引。

涿鹿故城在嬀州東南五十里，本黄帝所都也。晉太康地理志云：「涿鹿城東一里有阪泉，上有黄帝祠。」史記五帝本紀「戰于阪泉之野」正義引，又玉海卷四黄帝都引。

涿鹿山在嬀州東南五十里，山側有涿鹿城，卽黄帝、堯、舜之都也。史記五帝本紀「北過涿鹿」正義。

嬀州懷戎縣東北有馬蘭溪水。史記絳侯周勃世家「破綰軍上蘭」正義引。

檀州

燕樂縣

故龔城在檀州燕樂縣界，故老傳云舜流共工幽州居此城。史記五帝本紀「請流共工於幽陵」正義引。

密雲縣

漁陽故城在檀州密雲縣南十八里，在漁水之陽也。史記陳涉世家「適戍漁陽」正義引，又通鑑卷七秦二世紀「適戍漁陽」注引。

平州

盧龍縣

孤竹故城在平州盧龍縣南十二里，殷時諸侯孤竹國也，姓墨胎氏。史記周本紀「伯夷叔齊在孤竹」正義引。史記封禪書「過孤竹」正義引作「南一十里」，又史記秦本紀「次于孤竹」正義引作「在平州盧龍縣十二里，殷時諸侯竹國也」，並有脱誤。

括地志卷三

虢州

湖城縣

湖水源出虢州湖城縣南三十五里夸父山，北流入河，卽鼎湖也。史記孝武本紀「因名其處曰鼎湖」正義引。

盧氏縣

熊耳山在虢州盧氏縣南五十里，洛所經。史記夏本紀「道洛自熊耳」正義引，又夏本紀「熊耳外方」正義引無末三字。

伊水出虢州盧氏縣東巒山，東北流入洛。史記夏本紀「伊洛瀍澗」正義引。

陝州

陝縣

焦城在陝州城内東北百步，因焦水爲名。〔故焦國〕，周同姓所封。左傳云虞、虢、焦、滑、霍、陽、韓、魏皆姬姓也。杜預云八國皆晉所滅。史記秦本紀「圍焦降之」正義引，又通鑑卷二周顯王紀「秦伐魏圍焦曲沃」注引。又史記魏世家「圍我焦曲沃」正義引作「故焦城在陝縣東北百步古虢城中東北隅，周同姓也。」按「周同姓所封」，上缺「故焦國」三字，今據漢書地理志弘農郡陝縣補。

曲沃故城在陝縣西三十二里，因曲沃水爲名。史記越王勾踐世家「北圍曲沃於中」正義引，又通鑑卷二周顯王紀「秦伐魏圍焦曲沃」注引。又秦本紀「歸魏焦曲沃」正義引作「在陝州陝縣西南三十二里」。又史記魏世家「圍我焦曲沃」正義引無末句。

虢山在陝州陝縣西二里，臨黄河。今臨河有岡阜，似是積山之餘也。史記魏世家「虢山崩壅河」正義引，又通鑑卷一周安王紀「虢山崩壅河」注引。

硤石縣

底柱山俗名三門山，在陝州硤石縣東北五十里黄河之中。孔安國云：「底柱，山名。河水分流，包山而過，山見水中如柱然也。」史記夏本紀「砥柱析城」正義引。

桃林縣

桃林在陝州桃林縣，西至潼關，皆爲桃林塞地。山海經云：「夸父之山，北有林焉，名曰桃林，廣闊三百里，中多馬。」造父於此得驊騮、騄耳之乘，以獻周穆王也。史記趙世家「桃林」正義引。又周本紀「放牛於桃林之虚」正義引作「桃林在陝州桃林縣西。山海經云夸父之山，其北有林焉，名曰桃林，廣員三百里，中多馬。湖水出焉，北流入于河。」

函谷關在陝州桃林縣西南十二里，秦函谷關也。圖記云去長安四百餘里，路在谷中，故以爲名。史記項羽本紀「函谷關有兵守關」正義引。又史記老子韓非列傳「至關」正義引，又史記孟嘗君列傳「夜半至函谷關」正義引無「秦函谷關」以下文。

曹陽故亭一名好陽亭，在陝州桃林縣東南十四里，卽章邯殺周文處。史記秦始皇本紀「遂殺章邯曹陽」正義引。

好陽澗在陝州桃林縣東十四里。通鑑卷八秦二世紀「屯止曹陽」注引。

河北縣

傅險卽傅説版築之處。所隱之處窟名聖人窟，在今陝州河北縣北七里，卽虞國、虢國之界。又有傅説祠。注水經云沙澗水北出虞山，東南逕傅巖，歷傅説隱室前，俗名聖人窟。史記殷本紀「得説於傅險中」正義引。

故虞城在陝州河北縣東北五十里虞山之上。酈元注水經云（幹）〔軨〕橋東北有虞城，堯以女嬪于虞之地也。史記五帝本紀「虞舜者」正義引。又史記周本紀「虞芮之人有獄不能決」正義引「虞山之上」下有「古虞國也」四字，無「酈元注水經」以下文。按「幹」字誤，據水經河水注改「軨」。

茅津及茅城，在陝州河北縣西二十里。注水經云茅亭，茅戎（號）〔邑〕。史記秦本紀「自將伐茅戎」正義引。又史記秦本紀「自茅津渡河」正義引作「茅津在陝州河北縣，大陽縣也。」按水經河水注「故茅亭，茅戎邑也」，「號」當改「邑」。

虞城故城在陝州河北縣東北五十里虞山之上。亦名吴山，周武王封弟虞仲於周之北故夏墟吴城，卽此城也。史記秦本紀「伐魏取吴城」正義引。

閒原在河北縣西六十五里。詩云「虞芮質厥成」，毛萇云「虞芮之君相與争田，久而不平，乃相謂曰：『西伯仁人，盍往質焉。』乃相與朝周。入其境，則耕者讓畔，行者讓路。入其邑，男女異路，班白不提挈。入其朝，士讓爲大夫，大夫讓爲卿。二國君相謂曰：『我等小人，不可履君子之庭。』乃相讓所争地以爲閒原。」至今尚在。史記周本紀「虞芮之人有獄不能決」正義引。

故鄍城在陝州河北縣東十里，虞邑也。杜預云河東大陽有鄍城是也。史記楚世家「涉鄍塞」正義引。

盗跖冢在陝州河北縣西二十里。河北縣本漢大陽縣也。又今齊州平陵縣有盗跖冢，未詳也。史記伯夷列傳「盗跖竟以壽終」正義引。

芮城縣

故芮城在芮城縣西二十里，古芮國也。晉太康地記云虞西百四十里有芮城。史記周本紀「虞芮之人有獄不能決」正義引。

薄山亦云衰山，一名寸棘山，一名渠山，一名雷首山，一名獨頭山，一名首陽山，一名吴山，一名條山，在陝州芮〔城〕縣北十里。史記封禪書「薄山者衰山也」正義引。

穀州

澠池縣

新安故城在(洛)〔穀〕州澠池縣東(一)〔二〕十三里，漢新安縣城也，卽阬秦卒處。史記項羽本紀「至新安」正義引，又玉海卷七「蕭何韓信論定三秦」引作「二十三里」。按史記黥布列傳「引兵西至新安」正義說「新安故城在河南府澠池縣東二十三里」，玉海引此作「二十三里」是，正義引誤，今改「二」。唐初穀州領澠池、永寧、福昌、長水四縣，顯慶二年穀州廢後，此四縣改屬洛州，在括地志應爲穀州轄縣。

永寧縣

(三)〔二〕崤山又名嶔岑山，在(洛)〔穀〕州永寧縣西北二十〔八〕里，卽古殽道也。史記秦本紀「汝軍卽敗必於殽阨矣」正義引。按史記留侯世家「左殽函」正義云「殽，二殽也，在洛州永寧縣西北二十七里」，蓋本括地志爲說。元和郡縣志洛州永寧縣亦云「二崤山在縣西北二十八里」。二崤謂東崤、西崤，水經河水注稱大殽西殽，留侯世家正義不誤，此引「三」當作「二」，又脫「八」字。

按文王所避風雨，卽東(垣)〔殽〕山也，俗亦號曰文王山。有夏后皋墓，北可十里許。

其山南臨河陰，漢末以來移道於嶔岑山南，其山在夏后墓正南可五里許。通典卷一百七十七州郡七引。按「垣」當作「殽」，卽酈道元所謂北陵。

福昌縣

故韓城一名宜陽城，在（洛）〔穀〕州福昌縣東十四里，卽韓宜陽（縣）城也。史記周本紀「秦攻宜陽」正義引，又韓世家「秦拔我宜陽」正義引。按「縣」字衍，韓世家引無。

唐州

桐柏縣

桐柏山在唐州桐柏縣東南五十里，淮水出焉。史記夏本紀「熊耳外方桐柏」正義引。

兖州

瑕丘縣

乘丘故城在兖州瑕丘縣西北三十五里。史記楚世家「晉來伐楚至乘丘而還」正義引。

漢樊縣城在兗州瑕丘縣西南二十五里。地理志云樊縣古樊國，仲山甫所封。史記孝文本紀「封故常山丞相蔡兼爲樊侯」正義引，又史記周本紀「仲山甫諫曰」正義引無「地理志云樊縣」六字。

武城在兗州，卽南〔武〕城也。輿地志云南武城縣魯武城邑，子游爲宰者也，在泰山郡。史記仲尼弟子列傳「爲武城宰」正義引。按此引脫「武」字，據下文補。

南武城在兗州，子游爲宰者。地理志云定襄有武城，清河有武城，故此云南武城也。史記仲尼弟子列傳「曾參南武城人」正義引。

曲阜縣

兗州曲阜縣外城，卽周公旦子伯禽所築，古魯城也。史記周本紀「封弟周公旦于曲阜曰魯」正義引，又史記魯周公世家「封周公旦於少昊之虛曲阜」正義引作「兗州曲阜縣外城卽魯公伯禽所築也」，又詩地理考卷五魯頌引作「兗州曲阜縣外城，卽伯禽所築，古魯城。」

兗州曲阜縣奄里卽奄國之地也。史記周本紀「東伐淮夷殘奄」正義引。

兗州曲阜縣魯城西南三里有闕里，中有孔子宅，宅中有廟。伍緝之從征記云闕里背洙面泗，卽此也。史記孔子世家「孔子生魯昌平鄉陬邑」正義引。

女陵山在兗州曲阜縣南二十八里。干寶三日紀云「徵在生孔子空桑之地，今名空竇，在魯南山之空竇中。無水，當祭祀時灑掃以告，輒有清泉自石門出，足以周用，祭訖泉枯。今俗名女陵山。」史記孔子世家「生而首上圩頂」正義引。

防山在兗州曲阜縣東二十五里。禮記云孔子母合葬于防也。史記孔子世家「葬於防山」正義引。

五父衢在兗州曲阜縣（西）〔東〕南二里魯城內，衢道也。史記孔子世家「乃殯五父之衢」正義引。按魯城在曲阜東南，左傳襄公十一年「詛諸五父之衢」杜預注「五父衢，魯縣東南道名。」「西」字誤，今改「東」。

鬬雞臺二所，相去十五步，在兗州曲阜縣東南三里魯城中。左傳昭公二十五年，季氏與郈昭伯鬬雞，季氏芥雞翼，郈氏爲金距之處。史記孔子世家「以鬬雞故得罪魯昭公」正義引。

泮宮在兗州曲阜縣（西）〔東〕南二（百）里魯城内宮之内。鄭云泮之言半也，其制半於天子之璧雍。史記儒林列傳「申公以弟子從師入見高祖于魯南宮」正義引。按「西」字當作「東」，「百」字衍，魯城在曲阜縣東南二里，孔子世家「鬬雞臺」正義引不誤。

矍相圃在兗州曲阜縣南三十里。禮記云孔子射於矍相之圃，觀者如堵。史記田叔列傳「相常從入苑中」正義引。

漢封夫子十二代孫忠爲褒成侯；生光，爲丞相，封侯；平帝封孔霸孫莽二千户爲褒成侯；後漢封十七代孫志爲褒成侯；魏封二十二代孫羨爲崇聖侯；晉封二十三代孫震爲奉聖孔子裔孫孔德倫爲褒聖侯也。史記孔子世家「後七日卒」正義引。

恭聖侯，周武帝改封鄒國公；隋文帝仍舊封鄒國公，煬帝改爲紹聖侯；皇唐給復二千户，封

亭侯；後魏封二十七代孫爲崇聖大夫，孝文帝又封三十一代孫珍爲崇聖侯，高齊改封珍爲

鄒縣

嶧山在兖州鄒縣南二十二里。鄒山記云：「鄒山，古之嶧山，言络繹相連屬也。今猶多桐樹」。按今獨生桐，尚徵，一偏似琴瑟。史記夏本紀「嶧陽孤桐」正義引。

博城縣

兖州博城，本漢博城縣城。史記吕太后本紀「郎中令無擇爲博城侯」正義引。

故嬴城在兖州博城縣東北百里。通鑑卷十漢高帝紀「嬰攻田横軍于嬴下」注引，又史記田儋列傳「嬰敗横之軍于嬴下」正義。

（魯）陽關故城在兖州博城縣南二十九里，西臨汶水也。史記田敬仲完世家「魯伐我入陽關」正義引，又通鑑卷八周烈王紀「魯伐齊入陽關」注引作「其城之西臨汶水」。按陽關在齊不在魯，「魯」字衍，通鑑注引無「魯」字。

泰山一曰岱宗，東岳也，在兖州博城縣西北三十里。周禮云兖州鎮曰岱宗。史記封禪書「至于岱宗」正義引。

泰山一曰岱宗，東嶽也，在兖州博城縣西北三十里。山海經云：「泰山，其上多玉，其下多石。」郭璞云從泰山下至山頭，百四十八里三百步。道書福地記云：「泰山高四千九百丈二尺，周迴二千里，多芝草玉石，長津甘泉，仙人室。又有地獄六，曰鬼神之府。從西上，下有洞天，周迴三千里，鬼神考謫之府。」史記秦始皇本紀「乃遂上泰山」正義。按據封禪書「至于岱宗」正義所引，此當是括地志文。

云云山在兖州博城縣西南三十里也。史記封禪書「封泰山禪云云」正義引。

亭亭山在兖州博城縣西(南)三十里也。史記封禪書「黄帝封泰山禪亭亭」正義引。按據水經汶水注，亭亭山在陽關故城東北，陽關在博城縣南，則亭亭山在博城縣西。漢武帝太始、太初所禪的石閭山，在博城縣西二十五里，去亭亭山五里，見封禪書補正義，亦可證此引衍「南」字，今删，否則云云、亭亭混爲一山矣。

艾山在兖州博城縣南百六十里，本齊博邑。史記伍子胥列傳「大敗齊師于艾陵」正義引。

泗水縣

故郰城在兖州泗水縣西北五十里。説文云郰魯孟氏邑也。史記田敬仲完世家「取魯之郕」正義引，又孔子世家「將墮成」正義引無「說文云」九字。

姑蔑故城在兗州泗水縣東四十五里。史記孔子世家「敗諸姑蔑」正義引。

梁父山在兗州泗水縣北八十里。史記封禪書「古者封泰山禪梁父者七十二家」正義引，又通鑑卷七秦始皇紀「禪于梁父」注引。

故鄒城在兗州泗水縣東南六十里。史記孔子世家「孔子生魯昌平鄉陬邑」正義引

昌平山在泗水縣南六十里。孔子生昌平鄉，蓋鄉取山爲名。史記孔子世家「孔子生魯昌平鄉陬邑」正義引。

泗水源出兗州泗水縣東陪尾山，其源四道，因以爲名。史記夏本紀「浮于淮泗」正義引。

泗水至彭城呂梁出石磬。史記夏本紀「泗濱浮磬」正義引。

故闕里在兗州泗水縣南五十里。輿地志云：「鄒城西界闕里，有尼丘山。」史記孔子世家「孔子生魯昌平鄉陬邑」正義引。

叔梁紇廟亦名尼丘山祠，在兗州泗水縣〔南〕五十里尼丘山東趾。地理志云魯縣有尼丘山，有叔梁紇廟。史記孔子世家「伯夏生叔梁紇」正義引。按尼丘山在泗水、曲阜、鄒縣三縣界中，在泗水縣南，正義引脫一「南」字。

任城縣

亢父〔秦〕縣也，沛公屯軍於此也。史記高祖本紀「還軍亢父」正義引。按亢父秦縣，此引脱「秦」字。

亢父故城在兗州任城縣南五十一里。史記項羽本紀「引兵攻亢父」正義引，又史記曹相國世家「攻爰戚及亢父」正義引，又史記蘇秦列傳「徑乎亢父之險」正義及通鑑卷二周顯王紀「徑乎亢父之險」注引。

龔丘縣

故剛城在兗州龔丘縣界。史記秦本紀「攻齊取剛壽」正義引，又通鑑卷五周赧王紀「取剛壽以廣其陶邑」注引。

故謝城在兗州龔丘縣東七十里。齊歸侵魯龜陰之田以謝魯，魯築城於此以旌孔子之功，因名謝城。史記孔子世家「乃歸所侵魯之鄆汶陽龜陰之田以謝過」正義。

陳州

宛丘縣

陳州宛丘縣在陳城中，卽古陳國也。帝舜後遏父爲周武王陶正，武王賴其器用，封其子嬀滿於陳，都宛丘之側。史記周本紀「帝舜之後於陳」正義引，又詩地理考卷二宛丘引無帝舜以下文。

長平故城在陳州宛丘縣西六十六里。史記秦始皇本紀「燕虛長平」正義引，又通鑑卷七秦始皇紀燕虛長平注引。

固陵，縣名也，在陳州宛丘縣西北四十二里。史記項羽本紀「至固陵而信越之兵不會」正義引，又荆燕世家「漢王追項羽至固陵」正義引作「固陵，陵名也」，又通鑑卷十一漢高帝紀「漢王追項羽至固陵」注引。

太康縣

陳州太康縣，本漢陽夏縣也。續漢書郡國志云陽夏屬陳國。史記項羽本紀「乃追項羽至陽夏南」正義引。又史記陳涉世家「吴廣者陽夏人」正義引，又通鑑卷七秦二世紀「陽夏人吴廣」注引無續漢書以下十二字。

南頓縣

陳州南頓縣，故頓子國。（應劭）〔地理志〕云故頓子國，姬姓也。〔應劭云〕迫於陳，後南徙，故曰南頓也。史記楚世家「楚滅頓」正義引。按漢書地理志汝南郡南頓縣班固原注云「故頓子國，姬姓」，顔師古注引應劭云「頓迫於陳，後南徙，故號南頓」。此引有脱誤，據地理志補正。

潁陰故城在陳州南頓縣西北〔十三里〕。史記絳侯周勃世家「賜與潁陰侯共食鍾離」正義引。按史記樊酈滕灌列傳潁陰侯正義云「陳州南頓縣西北十三里潁陰故城是」。此引脱里數，今據增。

項城縣

今陳州項城縣城卽古項子國。史記項羽本紀「封於項」正義引。

徐州

彭城縣

徐州彭城縣，古彭祖國也。史記項羽本紀「軍彭城東」正義引。

彭城，古彭祖國也。外傳云殷末滅彭祖國。虞翻云名翦。神仙傳云彭祖諱鏗，帝顓項之玄孫，至殷末年已七百六十七歲而不衰老，遂往流沙之西，非壽終也。史記楚世家「三曰彭祖」正義引。按史記秦始皇本紀「始皇還過彭城」正義「彭城，今徐州所理縣也。州東外城，古之彭祖國也。搜神記云陸終第三子曰籛鏗封于彭，爲商伯。外傳云殷末滅彭祖氏。」當是括地志文，今本失「括地志云」四字。

蕭縣

徐州蕭縣，古蕭叔之國，春秋時爲宋附庸。帝王世紀云周封子姓之別爲附庸也。史記項羽本紀「項王乃西從蕭晨擊漢軍而東」正義引。又史記曹相國世家「還定蕭留」正義引作「蕭，徐州縣，古蕭叔國也」。

豐縣

斬蛇溝源出徐州豐縣平地中，故老云高祖斬蛇處，至縣西十五里入泡水。史記高祖本紀「乃前拔劍擊斬蛇」正義引。

沛縣

徐州沛縣，古〔沛〕城也。史記呂太后本紀「乃封種爲沛侯」正義引。按此引有脱文，元和郡縣志卷十徐州沛縣云「縣所理即秦沛城」，今據補「沛」字。

故留城在徐州沛縣東南五十五里。今城内有張良廟也。史記留侯世家「留侯張良者」正義引，又通鑑卷七秦二世紀「楚王景駒在留」注引。又史記高祖本紀「在留」正義引作「東南五十里，即張良所封處」。

沛宮故地在徐州沛縣東南二(十)里一步。史記高祖本紀「置酒沛宮」正義引，又玉海宮室一引，又通鑑卷十二漢高帝紀「置酒沛宮」注引。按唐沛縣城即漢沛縣城，沛宮在城内，元和郡縣志謂在縣東南二里，此引衍「十」字，今據删。

泗水亭在徐州沛縣東一百步，有高祖廟也。史記高祖本紀「爲泗水亭長」正義引，又通鑑卷七秦二世紀「初爲泗水亭長」注引。

漢張良墓在徐州沛縣東六十里，與留城相近也。史記留侯世家「留侯死並葬黄石冢」正義引。

滕縣

徐州滕縣，漢番縣，音翻。漢末陳蕃子逸爲魯相，改音皮。田褒魯記曰：「靈帝末有汝南陳子游爲魯相，陳蕃子也，國人爲諱而改焉。」史記太史公自序「戹困鄱薛」正義引。

故薛城古薛侯國也，在徐州滕縣界，黄帝之所封。左傳曰定公元年薛宰云「薛之祖奚仲居薛，爲夏車正」，後爲孟嘗君田文封邑也。史記項羽本紀「項梁乃引兵入薛」正義引，又通鑑卷二周顯王紀「齊王封田嬰於薛」注引及卷八秦二世紀「梁乃引兵入薛」注引無「黄帝」以下文。

孟嘗君墓在徐州滕縣〔東南〕（五）〔四〕十二里。卒在齊襄王之時也。史記孟嘗君列傳「謚爲孟嘗君」正義引。按史記集解引皇覽云「孟嘗君冢在魯國薛城中向門東。」薛城所在，元和郡縣志、太平寰宇記並云「在滕縣東南四十二里」，則此引脱「東南」二字，「五」當作「四」。

郎亭在徐州滕縣西五十三里。史記孔子世家「與齊戰于郎」正義引。

符離縣

徐州符離縣城，漢竹邑城也。李奇云今竹邑也。史記曹相國世家「還定竹邑」正義引。

故相城在徐州符離縣西北九十里。輿地志云宋共公自睢陽徙相子城，又還睢陽。史記曹相國世家「還定竹邑蕭相留」正義引，又史記高祖本紀「屠相至碭」正義引首十四字。

靈壁故城在徐州符離縣(西)〔東〕北九十里。史記項羽本紀「楚又追擊至靈壁東睢水上」正義引。按史記高祖本紀及曹相國世家正義引括地志云相城在符離縣西北九十里，此靈壁不應與相城同在一起。元和郡縣志卷十徐州符離有靈壁故城，云在縣東北九十里，則此引「西」當作「東」。

滑州

白馬縣

滑州故城古南燕國。應劭云南燕，姞姓之國，黄帝之後。史記秦本紀「衛燕伐周」正義引。

黎陽津一名白馬津，在滑州白馬縣北三十里。帝王世紀云白馬縣南有韋城，故豕韋國也。續漢書郡國志云白馬縣有韋城。史記曹相國世家「圍津」正義引，又史記荆燕世家「白馬津入楚地」正義引無「帝王世紀」以下文。

金隄一名千里隄，在白馬縣東五里。 史記河渠書「東潰金隄」正義引，又通鑑卷十五漢文帝紀「東潰金隄」注引。

衛南縣

鐵丘在滑州衛南縣東南十五里。 史記鄭世家「晉伐鄭敗鄭軍於鐵丘」正義引。

楚丘，滑州衛南縣。 通鑑地理通釋卷四十二侯都引。

白馬故城在滑州衛南縣西南二十里。 戴延之西征記云：「白馬城，故衛之漕邑。」 史記高祖本紀「西與秦將楊熊戰白馬」正義引，又詩地理考卷一漕引，通鑑卷七秦二世紀「武臣等從白馬渡河」注引。

故鉏城在滑州（韋城）〔衛南〕縣東十里。 晉地記云：「河東有窮谷，蓋本有窮氏所遷也。」 史記夏本紀「帝相崩子帝少康立」正義引。 按金陵本史記作「韋城」，各本史記作「衛城」，均誤，當作「衛南」。 唐滑州衛南縣即漢晉濮陽縣地，郡國志東郡濮陽縣有鉏城，元和郡縣志亦列鉏城于衛南縣。

胙城縣

南燕城古燕國也，滑州胙城縣是。 史記秦始皇本紀「燕虛長平」正義引，又通鑑卷六秦始皇紀燕虛注引。

桃侯故城在滑州胙城縣東(四)〔三〕十里。漢書云高祖十二年封劉襄爲桃侯也。史記項羽本紀「桃侯平皋侯皆項氏」正義引。又玉海卷八桃邢引作「桃故城在滑州胙城縣東三十里。」按史記萬石張叔列傳「衞綰代桃侯劉舍爲丞相」正義云「故桃城在滑州胙城縣東三十里」，當是本括地志，與通鑑注引同，均作「三十里」，此引「四」字應作「三」。

靈昌縣

延津在滑州靈昌縣東七里。注水經云：「黄河水至此謂之延津。昔澹臺子羽齎千金之璧渡河，陽侯波起，兩蛟夾舟。子羽曰：『吾可以義求，不可以威劫。』操劍斬蛟。蛟死，乃投璧于河，三投而輒躍出，乃毁璧而去，(亦)〔示〕無(怪)〔吝〕意。」卽此津也。史記仲尼弟子列傳「澹臺滅明」正義引。據水經河水注改。

酸棗縣

酸棗故城在滑州酸棗縣北十五里，古酸棗縣南。史記秦始皇本紀「定酸棗」正義引，又通鑑地理通釋卷九酸棗注引。

匡城縣

故鶴城在滑州匡城縣西南十五里。左傳云：「衞懿公好鶴，鶴有乘軒者。狄伐衞，公欲戰，國人受甲者皆曰：『使鶴，鶴實有禄，余焉能戰！』」俗傳懿公養鶴於此城，因名也。史記衞康叔世家「懿公即位好鶴」正義引。

故蒲城在滑州匡城縣北十五里。史記孔子世家「去即過蒲」正義引。

匡城本漢長垣縣。史記孔子世家「去即過蒲」正義引。

泗州

徐城縣

大徐城在泗州徐城縣北三十里，古徐國也。博物志云：「徐君宫人有娠而生卵，以爲不祥，棄之於水濱（洲）。孤獨母有犬〔名〕鵠蒼，銜所棄卵以歸，覆煖之，乃成小兒。生時正偃，故以爲名。宫人聞之，更取養之。及長，襲爲徐君。後鵠蒼臨死，生角而九尾，化爲黄龍也。鵠蒼或名后蒼。」史記秦本紀「徐偃王作亂」正義引，又史記趙世家「徐偃王反」正義引。史記黥布列傳「楚發兵與戰徐僮間」正義引，又通鑑卷十二漢高帝紀「戰徐僮間」注引無博物志以下文。按秦本紀、趙世家正義所引博物志互有脱誤，今以此引爲主，從趙世家正義引衍「洲」字，增「名」字。

泗州徐城縣北三十里古徐國，卽淮夷也。史記周本紀「東伐淮夷殘奄」正義引。

泗州徐城縣北今徐城鎮，在泗之臨淮鎮北三十里，有故城號大徐城，周十一里，中有偃王廟、徐君墓，去徐州僅五百□。郡國志曰薄薄城。路史國名紀乙引。

徐君廟在泗州徐城縣西南一里，卽延陵季子掛劍之徐君也。史記吴太伯世家「繫之徐君冢樹而去」正義引。

宿豫縣

〔下〕相故城在泗州宿豫縣西北七十里，秦縣。史記項羽本紀「項籍者下相人也」正義引，又通鑑卷七秦二世紀「下相人項梁起兵于吴」注引。按下相，漢屬臨淮；相，漢屬沛郡。唐宿豫縣爲漢臨淮郡厹猶縣地，當是下相故城，正義引脱「下」字，通鑑注引不脱。

豫州

汝陽縣

宜春故城在豫州汝陽縣西六十七里。史記外戚世家「三日宜春侯」正義引。

安城故城在豫州汝陽縣東南十七里。史記秦本紀「秦取魏安城」正義引，又史記魏世家「秦拔我安城」正義引汝陽誤爲「汝陵」，「十七里」作「七十一里」。

西平〔故〕縣在豫州西北百四十里，有龍淵水也。史記孟子荀卿列傳「而趙亦有公孫龍爲堅白同異之辯」正義引。按此西平縣指漢至唐初西平縣，貞觀元年廢，括地志成書時無此縣，此脱「故」字。

吴房縣

豫州吴房縣本漢舊縣，〔在州西北九十里〕。孟康云：「吴王闔廬弟夫概奔楚，楚封於此爲棠谿氏。本房子國，以封吴，故曰吴房。」史記項羽本紀「封楊武爲吴防侯」正義引，又史記吴太伯世家「封夫槩於棠谿爲棠谿氏」正義引。按史記伍子胥傳「封夫概于棠谿」正義「今豫州吴房縣，在州西北九十里」，項羽本紀正義同，今據補。

郾城縣

召陵故城在豫州(郊)〔郾〕城縣東四十五里也。史記封禪書「南伐至召陵」正義引。按魏世家「右上蔡召陵」正義云「召陵故城在豫州郾城縣東四十五里」，蓋本括地志，元和郡縣志列召陵故城于郾城縣，「郊」當作「郾」。

故胡城在豫州郾城縣界。史記楚世家「楚滅頓滅胡」正義引，又史記老子韓非列傳「鄭人襲胡」正義引。

故鄧城在豫州郾城縣東三十五里。史記楚世家「令公子比見棄疾與盟于鄧」正義引，又通鑑卷三周赧王紀「南襲楚至鄧」注引。

棠谿故城在豫州郾城縣西八十有五里也。史記楚世家「夫概敗奔楚楚封之棠谿」正義引。又史記蘇秦列傳棠谿正義作「八十里」。

上蔡縣

豫州北七十里上蔡縣，古蔡國，武王封弟叔度于蔡是也。縣東十里有蔡岡，因名也。史記周本紀「封弟叔度于蔡」正義引。

豫州上蔡縣，在州北七十里，古蔡國也。縣外城，蔡國城也。史記楚世家「伐蔡」正義，又詩地理考卷三「管蔡」引括地志同此。

蔡陽，今豫州上蔡〔縣蔡〕水之陽。史記秦本紀「攻魏蔡陽長社取之」正義引。按此引有脱字，蓋蔡陽以在蔡水之陽而得名，見方輿紀要卷五河南五上蔡縣，今補「縣」字及「蔡」字。蔡水即今上蔡東南蔡溝。

南利故城在豫州上蔡縣東八十五里。史記三王世家「一子爲南利侯」正義引。

新蔡縣

新蔡縣西北六十里有葛陂鄉，即費長房投竹成龍之陂，因爲鄉名也。史記楚世家「武王卒師中而兵罷」正義引。

〔楚武王冢在〕(上)〔新〕蔡縣東北五十里。史記楚世家「楚伐隨」正義引。按此引有脱誤，因世本説楚武王墓在豫州新息，張守節引括地志説在新蔡縣東北。據皇覽，楚武王冢在汝南郡鮦陽縣葛陂鄉東北，括地志謂葛陂鄉在新蔡縣西北六十里，則楚武王冢正在新蔡東北五十里。「上蔡」當作「新蔡」，又增「楚武王冢在」五字。

褒信縣

白亭在豫州褒信縣東南(三)〔四〕十二里。史記楚世家「號曰白公」正義引，又史記伍子胥列傳「號爲白公」正義引作「白亭在豫州褒信縣南四十里。又有白公城」。按此「三」當作「四」，伍子胥列傳正義引不誤，元和郡縣志卷十蔡州褒信縣云「白亭，在縣東南四十二里。」

褒信本漢鄎縣之地，後漢分鄎置褒信縣，在今褒信縣東七十七里。史記楚世家「號曰白公」正義引。

新息縣

安陽故城在豫州新息縣西南八十里。應劭云古江國也。地理志亦云安陽古江國也。史記五帝本紀「青陽降居江水」正義引。

眞陽縣

新陽故城在豫州真陽縣西南四十二里，漢新陽縣城。應劭云在新水之陽也。史記陳涉世家「吕臣起新陽」正義引，又通鑑卷八秦二世紀「起新陽」注引無「漢新陽縣城」以下文。

亳州

城父縣

城父，亳州所理縣。史記秦始皇本紀「殺陳勝城父」正義引。

谷陽縣

苦縣在亳州谷陽縣界，有老子宅及廟，廟中有九井尚存。史記老子韓非列傳「老子者楚苦縣厲鄉曲仁里人也」正義引。

密州

諸城縣

東武縣，今密州諸城縣是也。史記仲尼弟子列傳「何傳東武人王子中同」正義引。

琅邪山在密州諸城縣東南百四十里。始皇立層臺於山上，謂之琅邪臺，孤立衆山之上。始皇樂之，留三月，立石山上，頌秦功德也。史記秦始皇本紀「乃徙三萬户琅邪臺下」正義引，又通鑑地理通釋卷十「琅邪」引，又通鑑卷七秦始皇紀「作琅邪臺」注引。

密州諸城縣東南百七十里有琅邪臺，越王勾踐觀臺也。臺西北十里有琅邪故城。吴越春秋云：「越王勾踐二十五年徙都琅邪，立觀臺以望東海，遂號令秦、晉、齊、楚，以尊輔周室，歃血盟。」卽勾踐起臺處。史記秦始皇本紀「徙黔首三萬户琅邪臺下」正義引，又通鑑地理通釋卷十「琅邪」引。

〔趙侵齊，至長城〕。所侵處在密州南三十里。史記趙世家「侵齊至長城」正義引。按據史記本文增出六字。

莒縣

密州莒縣，故莒子國。地理志云周武王封少昊之後嬴姓於莒，始都計斤，春秋時徙居莒也。史記楚世家「朝射東莒」正義引，又楚世家「北伐滅莒」正義引作「密州莒縣故國也。」

密州莒縣濰山，濰水所出。史記夏本紀「濰淄其道」正義引。

安丘縣

淳于國城在密州安丘縣東北三十里，古之斟灌國也。春秋「州公如曹」，傳云「冬，淳于公如曹。」注水經云：「淳于縣，故夏后氏之斟灌國也，周武王以封淳于公，號淳于國也。」史記扁鵲倉公列傳「姓淳于氏名意」正義引。

淳于國在密州安丘縣東〔北〕三十里。古之州國，周武王封淳于〔公〕國。史記仲尼弟子列傳「淳于人光子乘羽」正義引。按此引脱「北」字「公」字，依扁鵲倉公列傳正義引補。淳于故城在今安丘縣東北三十里，見方輿紀要卷三十五青州安丘縣。

郚城在密州安丘縣界。史記秦始皇本紀「春秋不名」正義引。

高密縣

高密故城在密州高密縣西南四十里。史記三王世家「最愛少子弘立爲高密王」正義引。

密州高密縣，古夷安城，應劭云故萊夷維邑也。史記魯仲連鄒陽列傳「夷維子爲執策而從」正義引。

青州

益都縣

東陽城卽州所理東城是也。唐杜佑通典卷一百八十引，又明顧祖禹讀史方輿紀要卷三十五山東青州府益都縣引。

臨淄縣

青州臨淄縣，古營丘之地，呂望所封齊之都也。營丘在縣北百步外城中。輿地志云秦立爲縣，城臨淄水，故曰臨淄。史記周本紀「封尚父于營丘曰齊」正義。

青州臨淄縣(也)，即古臨淄地也。一名齊城。古營丘之地，〔吕望〕所封齊之都也。少昊時有爽鳩氏，虞、夏時有季崱，殷時有逢伯陵，殷末有薄姑氏，爲諸侯，國此地。後太公封，方五百里。史記項羽本紀「都立爲齊王都臨淄」正義引。玉海卷十齊臨淄引作「青州臨淄縣，即古營丘之地，吕望所封齊之都也，一名齊城，項羽封田都爲齊王於此。」按「也」字衍。脱「吕望」二字，周本紀正義及玉海引有，元和郡縣志亦云「古營丘之地，吕望所封齊之都也」，今據補正。

齊城章華之東有閭門、武鹿門也。史記田敬仲完世家「蘇代自燕來入齊見於章華東門」正義引。

安平城在青州臨淄縣東十九里，古紀之酅邑也。史記趙世家「齊安平君田單」正義引，又史記秦始皇本紀「紀季以酅」正義引。

戟里城在臨淄西北三十里，春秋時棘邑，又云澅邑。史記田單列傳「聞畫邑人王燭賢」正義引。

青州臨淄縣有葵丘，即〔左〕傳連稱、管至父所戍處。史記秦本紀「齊桓公會諸侯于葵丘」正義引。

按左傳莊公八年「齊侯使連稱、管至父戍葵丘」，此引脱「左」字。

浿丘，丘名也，在青州臨淄縣西北二十五里也。史記楚世家「夕發浿丘」正義引。

天齊池在青州臨淄縣東南十五里。封禪書云齊之所以爲齊者，以天齊也。史記齊太公世家「齊太公世家第二」正義引，又詩地理考卷二齊引。又通鑑卷一周安王紀「齊伐魯」引作「天齊水」。

齊桓公墓在臨淄縣南二十一里牛山上，一名鼎足山，一名牛首堈。一所二墳。晉永嘉末，人發之，初得版，次得水銀池，有氣不得入，經數日乃牽犬入，中得金蠶數十薄，珠襦、玉匣、繒綵、軍器不可勝數。又以人殉葬，骸骨狼藉也。史記齊太公世家「八月乃葬桓公」正義引。又史記管晏列傳「晏子薦以爲大夫」正義引首十六字。

管仲冢在青州臨淄縣南二十一里牛山之阿。說苑云：「齊桓公使管仲治國，管仲對曰：『賤不能臨貴。』桓公以爲上卿，而國不治。曰：『何故？』管仲對曰：『貧不能使富。』桓公賜之齊市租，而國不治。桓公曰：『何故？』對曰：『疏不能制親。』桓公立以爲仲父，齊國大安，而遂霸天下。孔子曰：『管仲之賢而不得此三權者，亦不能使其君南面而稱伯。』」史記管晏列傳「管仲卒」正義引。又史記齊太公世家「是歲管仲隰朋皆卒」正義引作「管仲冢在青州臨淄縣南二十一里牛山上，與桓公冢連。」

隰朋墓在青州臨淄縣東北七里也。史記齊太公世家「是歲管仲隰朋皆卒」正義引。

齊晏嬰冢在齊子城北門外。晏子云：「吾生近市，死豈易吾志。」乃葬宅後，人名曰清節里。史記管晏列傳「晏子薦以爲大夫」正義引。

營丘在青州臨淄縣北百步外城中。史記齊太公世家「封師尚父於營丘」正義引，又詩地理考卷二營丘引，又通鑑地理通釋卷四「五伯」引。

壽光縣

故劇城在青州壽光縣南三十一里，故紀國。史記孝景本紀「菑川王賢」正義引，又史記平津侯主父列傳「齊菑川國薛縣人也」正義引無「故紀國」三字。

斟灌故城在青州壽光縣東五十四里。史記夏本紀「子帝少康立」正義引，又玉海卷四夏都引。

千乘縣

柏寢臺在青州千乘縣東北二十一里。韓子云：「景公與晏子游於少海，登柏寢之臺而望其國。公曰：『美哉堂乎，後代孰將有此？』晏子曰：『其田氏乎？』公曰：『寡人有國而田氏家，奈何？』對曰：『奪之，則近賢遠不肖，治其煩亂，輕其刑罰，振窮乏，恤孤寡，行恩惠，崇節儉，雖十田氏其如堂何！』」卽此也。史記孝武本紀「此器齊桓公十年陳於柏寢」正義引。

臨朐縣

丸山卽丹山，在青州臨朐縣界朱虛故縣西北二十里，丹水出焉。史記五帝本紀「登丸山」正義引。

郱城在青州臨朐縣東三十里。史記秦始皇本紀「紀季以酅春秋不名」正義引。

朱虛故城在青州臨朐縣東六十里。十三州志云：「朱丹遊故虛，故云朱虛。」史記呂太后本紀「封齊悼王子爲朱虛侯」正義引。又詩地理考卷二汶水引，通鑑卷十三漢高后紀「章爲朱虛侯」注引無「十三州」以下十四字，有「漢朱虛縣也」句。

北海縣

斟尋故城今青州北海縣是也。史記夏本紀「帝相崩子帝少康立」正義引，又玉海卷四夏都引。

鄑城在北海縣東七十里。史記秦始皇本紀「紀季以酅春秋不名」正義引。

營陵故城在青州北海縣南三十里。史記荆燕世家「爲營陵侯」正義引。

溟涬大海，魚龍興雲雨震雷霆，大怒貌也，泛者之大難也。大藏音義卷八十一引。按元和郡縣志青州北海縣說海水在北海縣東北一百二十里。

博昌縣

薄姑故城在青州博昌縣東北六十里。薄姑氏，殷諸侯，封於此，周滅之也。史記周本紀「遷其君薄姑」正義引。又史記齊太公世家「胡公徙都薄姑」正義引及詩地理考卷二齊引無薄姑氏以下文。

濟州

盧縣

盧縣，今濟州〔所〕理縣是也。史記曹相國世家「攻著漯陰平原鬲盧」正義引。唐初濟州治盧縣，依括地志例補「所」字。

平陰縣

長城西北起濟州平陰縣，緣河歷太山北岡上，經濟州、淄(川)〔州〕，即西南兗州博城縣北，東至密州琅邪臺入海。(薊)〔蘇〕代(記)云：「齊有長城巨防，〔惡〕足以爲塞也！」史記楚世家「還蓋長城以爲防」正義引。按「川」當作「州」，唐淄川縣屬淄州，非濟州屬縣。齊長城西起濟州平陰縣，沿泰山之北黃河南岸，經淄州長山，折東南至密州東琅邪臺入海。「薊」爲「蘇」之譌，「記」字衍，史記蘇秦列傳云蘇代說燕王「雖有長城鉅防，惡足以爲塞」，即此所引。「惡」字脱，今據補。

故鞍城，今俗名馬鞍城，在濟州平陰縣〔東〕十里。史記韓世家「敗齊頃公于鞍」正義引。按據名勝志補「東」字。

陶山在濟州平陰縣東三十五里。〔范蠡〕止此山之陽也，今山南五里猶有朱公冢。史記越王勾踐世家「止於陶」正義引。按史記貨殖列傳「之陶爲朱公」正義引括地志云「陶山在齊州平陽縣東三十五里陶山之陽也，今南五里猶有朱公冢。」所引應與越世家引同，由于傳寫翻刻不慎，致有脱誤。唐齊州有平陵縣無平陽縣，張文虎校定金陵本史記遂改爲平陵縣，但陶山所在當是濟州平陰，元和郡縣志鄆州平陰縣云「陶山在縣東三十五里」可證。又「止此山」上當有「范蠡」二字，今增。

東阿縣

穀城山一名黄山，在濟州東阿縣東。濟州，故濟北郡。孔文祥云黄石公狀鬢眉皆白，杖丹黎，履赤舄。史記留侯世家「孺子見我於濟北穀城山下黄石卽我矣」正義引。

項羽墓在濟州東阿縣東二十七里，穀城西三里。述征記云：「項羽墓在穀城西北三里半許，毁壞，有碣石『項王之墓』。」史記項羽本紀「故以魯公禮葬項王穀城」正義引。

穀城故〔城〕，在濟州東阿縣東二十六里。史記項羽本紀「睢陽以北至穀城」正義引，又楚世家「伐齊取穀」正義引，又通鑑卷八秦二世紀「睢陽以北至穀城皆以王彭越」注引。按通鑑注引「故」下有「城」字。

東阿故城在濟州東阿縣西南二十五里。漢東阿縣城，秦時齊之阿也。史記項羽本紀「與齊田榮司馬龍且軍救東阿」正義引，又通鑑卷八秦二世紀「東走東阿」注引。

濮州

鄄城縣

故堯城在濮州鄄城縣東北十五里。竹書云昔堯德衰，爲舜所囚也。又有偃朱故城，在縣西北十五里。竹書云舜囚堯，復偃塞丹朱，使不與父相見也。史記五帝本紀「舜讓辟丹朱於南河之南」正義引。

陶丘在濮州鄄城縣西南二十四里。又云在曹州城中，徐才宗國都城記云此城中高丘，卽古之陶丘。史記夏本紀「泆爲滎東出陶丘北」正義引。

雷澤縣

濮州雷澤縣，本漢城陽〔縣〕，在州東〔南〕九十一里。地理志云城陽屬濟陰郡。古郕伯〔國〕，姬姓之國。史記周武王封季弟載於郕，其後遷於城之陽，故曰城陽。史記項羽本紀「項梁使沛公及項羽別攻城陽」正義引。史記秦本紀「城陽君入朝」正義引作「濮州雷澤縣本漢郕陽縣，古郕伯，姬姓之國，周武王封弟季載于郕，其後遷城之陽也」。又史記五帝本紀「堯辟位凡二十八年而崩」正義引作「雷澤縣，本漢城陽縣也」。又通鑑卷八秦二世紀「別攻城陽居之」注引作「濮州雷澤縣，本漢城陽縣，在州東九十一里。」按以上所引，各有錯脱，此脱「縣」字，五帝本紀及秦本紀引不脱。此與通鑑注引脱「南」字，史記淮陰侯列傳「信逐北至城陽」正義云「城陽，雷澤縣是也，在濮州東南九十一里」，蓋本括地志爲説，「東」下有「南」字。元和郡縣志卷十一濮州雷澤縣説雷澤縣「西北至州九十里」，則縣在州之東南，應補「南」字。

姚墟在濮州雷澤縣東十三里。孝經援神契云舜生於姚墟。史記五帝本紀「虞舜者」正義引，又史記秦始皇本紀「燕虚長平」正義引。

雷夏澤在濮州雷澤縣〔北〕郭外西北。山海經云雷澤有雷神，龍身人頭，鼓其腹則雷也。史記五帝本紀「漁雷澤」正義引。又史記夏本紀「雷夏既澤」正義引，詩地理考卷六引均無「山海經云」以下文。按詩地理考引有「北」字，元和郡縣志卷十一雷澤縣亦云「雷夏澤在縣北郭外」，今補。

雍、沮二水在雷澤〔縣〕西北平地也。史記夏本紀「雍沮會同」正義引。按元和郡縣志卷十一濮州雷澤縣云「雍水、沮水，二源俱出雷澤縣西北平地，去縣十四里。」此引脱「縣」字，今據增。

堯陵在濮州雷澤縣西三里。郭緣生述征記云：「城陽縣東有堯冢，亦曰堯陵，有碑」是也。史記五帝本紀「堯辟位凡二十八年而崩」正義引。

濮州雷澤縣有歷山、舜井，又有姚墟，云舜生處也。史記五帝本紀「舜耕歷山」正義引，又通鑑地理通釋卷四「歷山」引。

濮陽縣

濮陽縣在濮州西八十六里。〔本漢〕濮〔陽〕縣也，古(吴)〔昆吾〕之國。史記項羽本紀「西破秦軍濮陽東」正義引。按唐濮陽縣卽漢東郡濮陽縣，古爲昆吾國，又卽帝丘。史記高祖本紀「軍濮陽之東」正義云「濮陽故城在濮州西八十六里，本漢濮陽縣」，與此引同，蓋亦括地志文。此引有脱字錯字，今據高祖本紀正義補「本漢」及「陽」三字，又據楚世家正義引括地志删「吴」字補「昆吾」兩字。

濮陽縣，古昆吾國也。〔昆吾〕故城在縣西三十里。昆吾臺在縣西百步顓頊城内，周廻五十步，高二丈，卽昆吾墟也。詩地理考卷五昆吾引。史記楚世家「一曰昆吾」正義引作「濮陽縣，古昆吾國也。昆吾故城在濮陽縣西三十里。臺在縣西百步，卽昆吾墟也」。按據楚世家正義引增「昆吾」二字。

濮陽縣有故龍淵宫，俗名瓠子宫。漢書云河决瓠子，漢武起宫于决水之旁。又濮陽縣西南八里有赤龍渦，有决口故道，蓋古之龍淵宫也，非築宫之所。太平寰宇記卷五十七檀州濮陽縣引坤元録。

故龍泉宫俗名瓠子宫，在濮州濮陽縣北十里，州西北九十里。元光中河决瓠子，塞决河之傍，龍泉之側，因以爲名，亦云宣房宫。玉海卷一百五十五宫室一引。

萊州

掖縣

故過鄉亭在萊州掖縣西北三十里，本過國(地)〔也〕。史記夏本紀「帝少康立」正義引。按後漢書郡國志東萊郡掖縣有過鄉，劉昭注云「故過國」，此引「地」當作「也」。

過，猗姓國，萊州掖縣西北三十里有過鄉亭。路史國名紀一引，又後紀卷十三疏仡紀寒促傳引。

萬里沙在掖縣東北二十里。玉海卷二十一引。

黄縣

黄縣故城在萊州黄縣東南二十五里，古萊子國也。史記秦始皇本紀「過黄腄」正義引。

〔故〕牟平縣城在黄縣南百三十里。十三州志云牟平縣，古腄縣也。史記秦始皇本紀「過黄腄」正義引。按此指漢牟平縣城，括地志成書時無牟平縣，今加一「故」字。

即墨縣

壯武故城在萊州卽墨縣西六十里，古萊夷國，(有)漢壯武縣故城。史記孝文本紀「其封昌爲壯武侯」正義引。按左傳隱公元年「紀人伐夷」，杜預注謂「壯武縣是其地」，是萊夷國在漢壯武縣，卽壯武故城，「有」字衍。

膠水縣

卽墨故城在萊州膠水縣〔東〕南六十里。古齊地，本漢舊縣，在膠水之東。史記項羽本紀「徙齊王田市爲膠東王」正義引。又史記孝景本紀「膠東王雄渠」正義引作「在密州膠水縣東南六十里」。又通鑑卷十漢高帝紀「將軍田既軍于膠東」注引作「古齊地，漢爲膠東國，以其地在膠水之東也」。按此引「南」上脱「東」字，當作「東南六十里」，孝景本紀正義引不脱，元和郡縣志亦云「卽墨故城在膠水縣東南六十里。」孝景本紀正義引密州爲萊州之誤。

文登縣

文登縣，古腄縣也。史記秦始皇本紀「窮成山登之罘」正義引。

成山在萊州文登縣東北百八十里。史記秦始皇本紀「窮成山登之罘」正義引，又史記司馬相如列傳「觀乎成山」正義引。

〔之〕罘山在萊州文登縣西北百九十里。史記司馬相如列傳「射乎之罘」正義引，又秦始皇本紀「窮成山」正義引，又封禪書「祠之罘」正義引，又通鑑卷七秦始皇紀「登之罘」注引。按「罘」上脱「之」字，據史記本文增。

齊州

歷城縣

隋開皇十六年改置營城縣，大業二年省。唐武德二年置營城，屬潭州，八年省入平陵縣。其城在平〔陵〕城〔西〕。太平寰宇記卷十九齊州歷城縣引。按末句有脱字，據太平寰宇記本文補。

祝阿縣

古禹〔息〕城在山茌縣北，後魏移于濟北，此城是也。太平寰宇記卷十九齊州禹城縣引。按元和郡縣志卷十一齊州禹城縣云「縣西南二十里有禹息故城」。舊唐書地理志卷三十八齊州禹城縣説，漢祝阿縣天寶元年改名禹城，因縣西有禹息故城故。此引「禹」下缺「息」字。

淄州

淄川縣

淄州淄川縣東(北)〔南〕七十里原山，淄水所出。俗傳云禹理水功畢，土石黑，數里之中，波〔流〕若漆，故謂之淄水也。史記夏本紀「濰淄其道」正義引。又詩地理考卷二汶水引作「淄州淄川縣東南七十里原山，淄水所出。」按「北」當作「南」，詩地理考作「東南」是，元和郡縣志亦云「淄水出淄川縣東南原山」。「波」下脱「流」字，據元和郡縣志增。

故昌城在淄州淄川縣東北四十里也。史記趙世家「將攻昌城」正義引，又史記樂毅列傳「封樂毅於昌國」正義。

長山縣

濟南故城在淄（川）〔州〕長山縣西北三十里。史記孝景本紀「濟南王辟光」正義引，又史記齊悼惠王世家「割齊之濟南郡爲吕王奉邑」正義引作「二十五里」。按「川」字誤，齊悼惠王世家正義引作「淄州」。

高苑故城在淄州長山縣北四里。史記齊悼惠王世家膠西王卬正義引。

高苑縣

千乘故城在淄州高苑縣北二十五里。通鑑卷十漢高帝紀「擊齊將田汲于千乘」注引，又史記田儋列傳「破齊將田吸於千乘」正義。

宋州

宋城縣

宋州，本秦碭郡。史記高祖本紀「以沛公爲碭郡長」正義引。

宋州（宋）城（縣），古閼伯之墟，卽商丘也。又云羿所封之地。史記殷本紀「子相土立」正義引。又史記夏本紀「子帝少康立」正義引作「商丘，今宋州也」。按宋城縣附于州郭，蓋言宋州城爲古閼伯之墟，各本史記俱作「宋州城」，金陵局本史記校增「宋」「縣」二字非，今删。

宋州城，羿所封之地。羿五歲，父母與之入山，處之木下，以待蟬，還欲取之，而羣蟬俱鳴，遂捐而去。羿爲山間所養。年二十，習於弓矢。仰天歎曰：「我將射四方，矢至吾門止。」因捍卽射矢靡地截草徑至羿之門，乃隨矢去。路史後紀卷十三疏仡紀夏后紀引。

宋州外城本漢睢陽縣也。地理志云睢陽縣，故宋國也。史記項羽本紀「東至睢陽」正義引。

宋州宋城縣，在州南二里外城中，本漢之睢陽縣也。漢文帝封子武於大梁，以其卑溼，徙睢陽，故曰梁也。史記梁孝王世家「以勝爲梁王」正義引，又通鑑卷十五漢文帝紀「都睢陽」注引。

故横城在宋州宋城縣西南三十里。史記傅靳蒯成列傳「爲舍人起横陽」正義引。

新城故城在宋州宋城縣界。史記田敬仲完世家「吾愛宋與愛新城陽晉同」正義引。

宋州北五十里大蒙城爲景亳，湯所盟地，因景山爲名。史記殷本紀「湯始居亳」正義引，又詩地理考卷五「陟彼景山」引。

兔園在宋州宋城縣東南十里。葛洪西京雜記云：「梁孝王苑中有落猨巖、栖龍岫、鴈池、鶴洲、鳧島。諸宮觀相連，奇果佳樹，瑰禽異獸，靡不畢備。」俗人言梁孝王竹園也。史記梁孝王世家「於是孝王築東苑」正義引。

碭山縣

宋州碭山縣，在州東一百五十里，本漢碭縣也。碭山在縣東。史記高祖本紀「隱于芒碭山澤巖石之間」正義引。又史記項羽本紀「沛公軍碭」正義引作「宋州碭山縣本漢碭縣也，在宋州東百五十里。」又史記高祖本紀「屠相至碭」正義引作「碭在宋州東一百五十里。」又通鑑卷七秦二世紀「劉季亡匿于芒碭山澤之間」注引有「碭山在縣東」五字。

宋州碭山縣，本下邑縣也，在宋州東一百五十里。史記項羽本紀「呂后兄周呂侯爲漢將兵居下邑」正義引。

狐父亭在宋州碭山縣東南三十里。史記曹相國世家「取碭狐父祁善置」正義引。

虞城縣

虞城縣，在宋州北五十里。古虞國，商均所封。史記曹相國世家「又攻下邑以西至虞」正義。又史記五帝本紀「舜子商均亦不肖」正義引作「虞國，舜後所封邑也。或云封舜子均于商，故號商均也。」又史記五帝本紀「舜子商均」正義引及玉海卷四帝舜都引作「宋州虞城縣，舜後所封也。」

宋州虞城（大襄）〔古虞〕國，〔舜後〕所封之邑。杜預云舜後諸侯也。史記五帝本紀「虞舜者」正義引。按此引有錯脱，據元和郡縣志、路史國名紀一補正。

穀熟縣

宋州穀熟縣西南三十五里（南）亳故城，卽南亳，湯都也。史記殷本紀「湯始居亳」正義引，又玉海卷四湯都引。「南」字衍。穀熟亳城春秋爲宋亳邑，漢爲山陽郡薄縣，後稱南亳，此處不當有「南」字。

下邑縣

宋州下邑縣，在州東百一十里。史記曹相國世家「又攻下邑以西」正義引。

故祁城在宋州下邑縣東北四十九里，漢祁縣城也。史記曹相國世家「取碭狐父祁」正義引。

〔栗〕屬沛郡也。史記絳侯周勃世家「攻爰戚東緡以往至栗」正義引。按據史記本文出「栗」字。

寧陵縣

宋州寧陵縣城，古寧陵城也。史記陳涉世家「欲立魏後故寧陵君咎爲魏王」正義引，又通鑑卷七秦二世紀「故魏公子寧陵君咎」注引。

大棘故城在宋州寧陵縣西南七十里。史記楚元王世家「破棘壁」正義引，又史記梁孝王世家「吳楚先擊梁棘壁」正義引，又史記吳王濞列傳「與楚王遂西敗棘壁」正義，又玉海卷七「賈誼論封梁淮南」引。

鄆州

壽張縣

梁山在鄆州壽張縣南三十五里。史記梁孝王世家「北獵良山」正義引。

宿城縣

郈亭在鄆州宿城縣南三十五里。史記孔子世家「於是叔孫氏先墮郈」正義引。又史記仲尼弟子列傳「子羔爲費郈宰」正義引作「鄆州宿縣二十三里郈亭」，蓋有脱誤。

許州

長社縣

長社故城在許州長社縣西一里。史記秦本紀「攻魏卷蔡陽長社取之」正義引。

岸門在許州長社縣西北二十八里，今名西武亭。史記秦本紀「與晉戰鴈門」正義引，又魏世家「走犀首岸門」正義引，又史記韓世家「大破我岸門」正義引，又通鑑卷二周赧王紀「又敗韓于岸門」注引。

長葛縣

長葛故城在許州長葛縣北十三里，鄭之葛邑也。史記田敬仲完世家「伐魯葛及安陵」正義引。

許昌縣

許州許昌縣，本漢許縣。地理志云：「許縣，故國，姜姓，四岳之後，大叔所封，二十四君爲楚所滅。」漢以爲縣。魏文帝卽位，改許曰許昌也。史記陳涉世家「銍人徐伍將兵居許」正義引。又史記魏世家「以東臨許南國必危」正義引作「周時爲許國，武王伐紂所封。地理志云潁川郡許縣，故許國，姜姓，文叔所封，二十四君爲楚所滅。」「文叔」當作「太叔」。

許故城在許州許昌縣南(三)〔四〕十里，本漢許縣，故許國也。史記夏本紀「或在許」正義引，又史記魏世家「南國必危」正義。按魏世家正義作「南西四十里」，「西」字衍，「四十里」不誤，元和郡縣志及太平寰宇記均謂許故城在許昌縣南四十里，此引「三」當作「四」。

故魯城在許昌縣南四十里，本魯朝宿邑。史記田敬仲完世家「伐魯葛及安陵」正義引。

許田在許州許昌縣南四十里，有魯城，周公廟在其中。史記周本紀「鄭怨與魯易許田」正義引，詩地理考卷五「常許」引。

襄城縣

許州襄城縣，卽古新城縣也。史記秦本紀「七年拔新城」正義引。

故氾城在許州襄城縣〔南〕一里。左傳云「天王出居于鄭，處于氾」是也。史記周本紀「襄王出犇鄭鄭居王于氾」正義引。又路史國名紀戊引作「氾城在許州襄城南。有氾水，在濟陰。」又盟會圖疏引括地象作「汎城在汝州襄城縣南。」按周本紀正義引脫「南」字，路史及盟會圖疏有，元和郡縣志卷七汝州襄城縣亦說氾城在縣南一里。盟會圖疏引「汎」當作「氾」，「汝州」當作「許州」。

不羹故城在許州襄城縣東三十里。地理志云此乃西不羹者也。史記楚世家「大城陳蔡不羹」正義引。

葉縣

城父故城在許州葉縣東北四十五里，卽杜預云襄城城父縣也。又許州襄城縣東四十里亦有父城故城一所，服虔云「城父，楚北境」，乃是父城之名，非建所守。杜預云成父，又誤也。傳及酈元水經注云「楚大城城父，使太子建居之」，卽十三州志云太子建所居城父，謂今亳州城父縣也。按：今亳州見有城父縣，是建所守者也。地理志云潁川有父城縣，沛郡有城父縣，此二名別耳。史記楚世家「使太子建居城父守邊」正義引。

葉陽，今許州葉縣也。史記魏世家「秦葉陽昆陽與舞陽鄰」正義引。

昆陽故城在許州葉縣北二十五里。史記魏世家「秦葉陽昆陽與舞陽鄰」正義引，又玉海卷九魏昆陽引。

舞陽故城在葉縣東十里。史記魏世家「秦葉陽昆陽與舞陽鄰」正義引，又史記樊酈滕灌列傳「舞陽侯樊噲者」正義，又玉海卷九魏舞陽引。

方城山在許州葉縣西南十八里。左傳云楚大夫屈完對齊侯曰楚國方城以爲城，杜注云方城山在南陽葉縣南。史記韓世家「今楚兵十餘萬在方城之外」正義引。

黄城山，俗名〔苦〕菜山，在許州葉縣西南二十五里。聖賢冢墓記云：「黄城山卽長沮、桀溺(所)〔耦〕耕處。下有東流〔水〕，則子路問津處也。」史記孔子世家「長沮桀溺耦而耕」正義引。按「菜山」上脱「苦」字，水經溮水注云「苦菜卽黄城」，元和郡縣志卷七汝州葉縣云「黄城山一名苦菜山。」「所」當作「耦」，「東流」下脱「水」字，據水經溮水注引聖賢冢墓記補正。

鄢陵縣

鄢陵故城在許州鄢陵縣西北十五里。李奇云六國時爲安陵也。史記田敬仲完世家「伐魯葛及安陵」正義引，又史記魏世家「惡安陵氏於秦」正義引，又玉海卷九「魏許鄢」引，又通鑑卷六秦莊襄王紀「安陵人高之子仕於秦」注引作「安陵故城」。

扶溝縣

許州扶溝縣北四十五里有白亭。史記伍子胥列傳「號爲白公」正義引。

陽翟縣

故康城在許州陽翟縣西北三十五里。詩地理考卷一「康」引。

故雍城在(洛)〔許〕州陽翟縣東北二十五里，故老云黃帝臣雍父作杵臼所封也。史記周本紀「楚圍雍氏」正義引。又史記韓世家「公何不令楚王築萬室之都雍氏之旁」正義引作「故雍氏城在洛州陽翟縣二十五里，故老云黃帝臣雍父作杵臼也」。蓋有脱誤。按「洛」當作「許」，此天寶後所改。

(洛)〔許〕州陽翟縣，古櫟邑也。史記秦本紀「救鄭敗晉兵于櫟」正義引。

陽翟，(洛)〔許〕州縣也。左傳云鄭伯突入于櫟。杜預云櫟，鄭別都，今河南陽翟縣是也。地理志云陽翟縣是屬潁川郡，夏禹之國。史記項羽本紀「韓王成因故都都陽翟」正義引。

陽翟縣又是禹所封，爲夏伯。史記夏本紀「帝少康立」正義引。

戴州

成武縣

梁丘故城在(曹)〔戴〕州成武縣東北三十里。史記楚元王世家「至昌邑南」正義引，又通鑑卷八秦二世紀「沛公北擊昌邑」注引。又史記高祖本紀「遇彭越昌邑」正義引作「曹州城武縣東北三十二里有梁丘故城」。按唐戴州武德五年置，貞觀十七年廢，括地志序略戴州屬河南道。戴州領單父、成武、楚丘、鉅野、金鄉、方輿六縣，戴州廢後，單父、楚丘兩縣改屬宋州，成武改屬曹州，巨野改屬鄆州，金鄉、方輿改屬兗州，後來引用括地志文者遂從開元以來之行政規劃改稱，今輯均恢復其舊屬。

（曹）〔戴〕州成武有重邱故城，今在濟陰東北三十一里。孫蒯飲馬重邱，遂伐曹取重邱者，與〔安〕德之重邱異。路史國名紀已引。按齊地記「平原安德有重邱鄉」，此引脱「安」字，今據補。

楚丘縣

（宋）〔戴〕州楚丘縣西北十五里有伊尹墓，恐非也。史記殷本紀「既葬伊尹於亳」正義引。

鉅野縣

獲麟堆在（鄆）〔戴〕州鉅野縣東十二里。春秋哀十四年經云西狩獲麟。國都城記云：「鉅野故城東十里澤中有土臺，廣輪四五十步，俗云獲麟堆，去魯城可三百餘里。」史記孔子世家「狩大野」正義引。

〔鉅野〕，（鄆）〔戴〕州鉅野縣東北大澤是。史記河渠書「而河決於瓠子東南注鉅野」正義引。按依史文出「鉅野」二字。

金鄉縣

東緡故城，漢縣也，在（兗）〔戴〕州金鄉縣界。史記絳侯周勃世家「攻爰戚東緡」正義引。

曹州

濟陰縣

曹有曹南〔山〕，因名曹。詩地理考卷二南山引。按元和郡縣志卷十二曹州濟陰縣云「曹南山在縣東二十里」。此引脫「山」字。

曹州濟陰縣卽古定陶也，東有三鬷亭。史記殷本紀「湯遂伐三㚇」正義引。

故貫城卽古貫國，今名蒙澤城，在曹州濟陰縣南五十六里。史記田敬仲完世家「伐衞取毌丘」正義引。

菏澤在曹州濟陰縣東北九十里定陶城東，今名龍池，亦名九卿陂。史記夏本紀「導菏澤」正義引。

薄城北郭東三里平地有湯冢。按在蒙，卽北亳也。史記殷本紀「湯崩」正義引。

高祖卽位壇在曹州濟陰縣界。張晏曰汜水在濟陰界，取其汜愛弘大而潤下。史記高祖本紀「卽皇帝位于汜水之陽」正義引，又通鑑卷十一漢高帝紀「卽位于汜水之陽」注引首十二字。

曹州濟(陽)〔陰〕縣東南三里有陶朱公冢，又云在南郡華容縣西，未詳也。史記貨殖列傳「之陶爲朱公」正義引。按唐初曹州無濟陽縣，「陽」當作「陰」。

冤朐縣

〔冤朐〕，曹州縣，在州西四十七里。史記絳侯周勃世家「襲取冤朐」正義。按此爲張守節取括地志敍冤朐縣沿革文，今輯補出「冤朐」二字。

漆園故城在曹州冤朐縣北十七里，莊周爲漆園吏，卽此。史記老子韓非列傳「周嘗爲蒙漆園吏」正義引。

文臺，在曹州冤句縣西六十五里。史記魏世家「文臺墮」正義引。又玉海卷九魏文臺引。

濟陽故城在曹州冤句縣西南三十五里。史記蘇秦列傳「魏無外黄濟陽」正義，又傳靳歙成列傳「攻濟陽」正義，又春申君列傳「黄濟陽嬰城而魏氏服」正義。

乘氏縣

故桂城在曹州乘氏縣東北二十一里，故老云卽桂陵也。史記趙世家「齊亦敗魏于桂陵」正義引，又史記田敬仲完世家「大敗之桂陵」正義。

陽晉故城在曹州乘氏縣西北三十七里。史記田敬仲完世家「吾愛宋與愛新城陽晉同」正義引，又史記蘇秦列傳「過衞陽晉之道」正義，又史記張儀列傳「劫衞取陽晉」正義，又史記廉頗藺相如列傳「取陽晉」正義。

離狐縣

〔濮水〕在曹州離狐縣界，卽師延投〔濮水而死〕處。史記樂書「至于濮水之上舍」正義引。按據史記本文出「濮水」二字。又據元和郡縣志卷十二曹州南華縣濮水條增「濮水而死」四字，此引並脫。

考城縣

葵丘在曹州考城縣東南〔一里〕一百五十步郭內，卽桓公會處。史記秦本紀「齊桓公會諸侯于葵丘」正義引，又史記封禪書「會諸侯於葵丘」正義引。按既説葵丘在考城縣郭內，何又相距一里多？元和郡縣志卷十二曹州考城縣云「葵丘在縣東南一百五十步」，此引衍「一里」二字。封禪書正義引作「一里五十步」，「里」爲「百」字之誤。

故黄城在曹州考城縣東二十四里。通鑑卷十秦二世紀「攻黄」注引，又史記蘇秦列傳「魏無外黄濟陽」正義，又史記樊酈滕灌列傳「攻下黄」正義，又史記春申君列傳「黄濟陽」正義。

沂州

臨沂縣

沂州臨沂縣有漢戚縣故城。地理志云臨沂縣屬東海郡。史記高祖本紀「走至戚」正義引。

羽山在沂州臨沂縣界。史記五帝本紀「殛鯀於羽山」正義引，又詩地理考卷五龜蒙引。

費縣

祊田，在沂州費縣東南。史記周本紀「鄭怨與魯易許田」正義引。

承縣

漢建陵縣故城在沂州承縣界。史記萬石張叔列傳「建陵侯衛綰者」正義引。又史記孝景本紀「封中尉綰爲建陵侯」正義引。

故繒城在沂州承縣。地理志云繒縣屬東海郡。史記孔子世家「吴與魯會繒」正義引。

繒縣在沂州承縣，古侯國，禹後。史記周本紀「申侯怨與繒」正義引。

鍾離故城在沂州承縣界。史記齊太公世家「令諸侯盟于鍾離」正義引。

洛州

河南縣

故王城一名河南城，本郟鄏，周公所築，在洛州河南縣北九里苑內東北隅。自平王以下十二王皆都此城，至敬王乃遷都成周，至赧王又居王城也。帝王世紀云：「王城西有郟鄏陌。」左傳云成王定鼎於郟鄏。京相璠地名云郟山名，鄏邑名。史記周本紀「營周居于雒邑而後去」正義引。又宋敏求河南志、詩地理考卷二「王」、玉海卷四周都引首二十九字。又史記劉敬叔孫通列傳「迺營成周洛邑」正義引作「故王城一名河南城，本郟鄏，周公所築，在洛州河南縣北九里苑中東北隅。帝王紀云武王伐紂，營洛邑而定鼎焉。」

故甘城在洛州河南縣西南二十五里。左傳云甘昭公，王子叔帶也。洛陽記云河南縣西南二十五里甘水出焉，北流入洛。山上有甘城，即甘公菜邑也。史記周本紀「惠后生叔帶」正義引。

故穀城在洛州河南縣西北十八里苑中。史記周本紀「秦莊襄王滅東周」正義引。

伊闕在洛州南十九里。注水經云：「昔大禹鑿龍門以通水，兩山相對，望之若闕，故謂之伊闕。」史記秦本紀「攻韓魏于伊闕」正義引。

伊闕塞在洛州南十九里。伊闕山今名鍾山。酈元注水經云：「兩山相對，望之若闕，伊水歷其間，故謂之伊闕。」史記周本紀「又將兵出塞攻梁」正義。又史記楚世家「伐韓於伊闕」正義引作「伊闕山，在洛州南九里」。

蒯亭在河南縣西〔南〕十四里苑中。輿地志云蒯成縣，故陳倉縣之（故）鄉聚名也，周緤所封也。晉武帝咸甯四年分陳倉立蒯成縣，屬始平郡也。史記傅靳蒯成列傳「蒯成侯緤者」正義引。又路史國名紀已引作「河南縣西四十有蒯亭縣，今有蒯鄉」。按正義引有誤衍，據郡國志劉昭注引晉書地道記補「南」字。「故」字涉上衍，今刪。路史引亦有錯脫。

洛陽縣

洛陽故城在洛州洛陽縣東北二十六里，周公所築，卽成周也。輿地志云：「以周地在王城東，故曰東周。敬王避子朝之亂，自洛邑東居此。以其迫阨不受王都，故壞翟泉而廣之。」史記周本紀「以封武王少弟」正義引。

洛陽故城在洛州洛陽縣東北二十六里，周公所築，卽成周城也。輿地志云：「成周之地，秦莊襄王以爲洛陽縣，三川守理之。後漢都洛陽，改爲『雒』。漢以火德，忌水，故去『洛』旁『水』而加『隹』。魏於行次爲土，土，水之忌也，水得土而流，土得水而柔，故除『隹』而加『水』。」史記項羽本紀「故立申陽爲河南王都洛陽」正義引。又通鑑卷九漢高帝紀「故立申陽爲河南王都洛陽」注引無「輿地志云」以下文。

洛陽故城在洛州洛陽（城）〔縣〕東〔北〕二十六里，周公所築，卽成周城也。尚書〔序〕曰成周既成，遷殷頑民。帝王世紀云居邶鄘〔衞〕之衆。史記劉敬叔孫通列傳「迺營成周洛邑」正義引。按此引有脱誤，依前引改「縣」字，增「北」字。所引爲書序，今增「序」字。帝王世紀本尚書洛誥，脱「衞」字，今據尚書補。

河陰縣城本漢平陰縣，在洛州洛陽縣東北五十里。十三州志云在平津大河之南也，魏文帝改曰河陰。史記周本紀「秦莊襄王滅東周」正義引。

平陰故津在洛州洛陽縣東北五十里。史記曹相國世家「絶河津」正義引。

南宮在洛州洛陽縣東北二十六里洛陽故城中。輿地志云秦時已有南、北宮。更始自洛陽而西，馬奔觸北宮鐵柱門。光武幸南宮却非殿，則自高帝迄于王莽，洛陽南、北宮，武庫皆未嘗廢。玉海宮室一引，又史記高祖本紀「高祖置酒雒陽南宮」正義引「南宮在雒州」以下三十字。

偃師縣

亳邑故城在洛州偃師縣西十四里，本帝嚳之墟，商湯之都也。史記殷本紀「徙先王居」正義引。湯即位居南亳，後徙西亳，在偃師縣西十四里，本帝嚳之墟。詩地理考卷五商頌引。河南偃師爲西亳，帝嚳及湯所都，盤庚亦徙都之。史記殷本紀「湯始居亳」正義引。又詩地理考卷五商頌引作「盤庚都偃師西亳」。

故平縣城在洛州偃師縣西北二十五里。通鑑地理通釋卷九「平監」引。

尸鄉亭在洛州偃師縣，在洛州東南也。史記曹相國世家「還擊趙賁軍尸北」正義引。

洛州偃師縣東六里有湯冢，近桐宮。史記殷本紀「湯崩」正義引。

伊尹墓在洛州偃師縣西北八里。史記殷本紀「既葬伊尹于亳」正義引。

緱氏縣

緱氏故城在洛州緱氏縣東二十五里，滑伯國也。韋昭云姬姓小國也。史記秦本紀「兵至滑」正義引。又史記周本紀「鄭滅滑」正義引作「緱氏故城本費城也，在洛州緱氏縣南東二十五里也。」按周本紀正義引「縣」下衍「南」字。按此兩處所引括地志説「滑伯國也」，一説「本費城也」，在括地志則爲一條，張守節分别引之。左傳成公十二年「殄滅我費滑」杜預注說「滑國都費」，故一言滑國，一言費城。

劉累故城在洛州緱氏縣南五十五里，乃劉累之故地也。 史記夏本紀「其后有劉累」正義引。

轘轅故關在洛州緱氏縣東南四十里。十三州志云轘轅道凡十二曲，是險道。 史記曹相國世家「下轘轅」正義引。

鞏縣

史記周顯王二年西周惠公封少子班於鞏爲東周，其子武公爲秦所滅。郭緣生述征記云鞏縣本周鞏伯邑。 史記趙世家「與韓分周以爲兩」正義引。

故鄩城在洛州鞏縣西南五十八里，蓋桀所居也。 史記夏本紀「帝相崩子帝少康立」正義引，又史記周本紀「其有夏之居」正義引，又玉海卷四「夏都」引。 又史記張儀列傳「塞什谷之口」正義引無末句。

温泉水卽（尋）〔鄩水〕，源出洛州鞏縣西南四十里，注水經云鄩（城）水出北山鄩溪。 史記張儀列傳「塞什谷之口」正義引。 按水經洛水注「洛水東北歷鄩中，而鄩水注之，水出北山鄩溪」。此引有脫誤，今據改。

伊闕縣

洛州伊闕縣，在州南七十里。本漢新城〔縣〕也，隋文帝改新城爲伊闕，取伊闕山爲名也。史記高祖本紀「新城三老」正義引。又史記秦本紀「左更白起攻新城」正義引、通鑑卷三周慎靚王紀「攻新城宜陽」注引作「洛州伊闕縣，本是漢新城縣，隋文帝改爲伊闕，在洛州南七十里。」又史記周本紀「楚莊王伐陸渾之戎」正義引作「新城，今洛州伊闕縣也。」

高都故城一名郜都城，在洛州伊闕縣北三十五里。史記周本紀「又能爲君得高都」正義引。

陽城縣

陽城，洛州縣也。史記周本紀「秦取韓陽城負黍」正義引。

自禹至太康與唐、虞皆不易都城，然則居陽城爲禹避商均時，非都之也。史記周本紀「其有夏之居」正義引。又史記五帝本紀「禹亦乃讓舜子」正義引作「禹居洛州陽城者，避商均，非時久居也。」按五帝本紀正義引「時」字錯在「非」字下，當是「避商均時，非久居也」。

陽城縣在箕山北十三里。史記夏本紀「益讓帝禹之子啟而避居箕山之陽」正義引。

負黍亭在陽城縣西南三十五里。故周邑，左傳云鄭伐周負黍是也。史記周本紀「秦取韓陽城負黍」正義引。又史記鄭世家「敗韓兵於負黍」正義引無「左傳云」十字。

嵩高山亦名太室山，亦名外方山，在洛州陽城縣北二十三里也。史記夏本紀「熊耳外方」正義引，又史記封禪書「中嶽嵩高也」正義引。按封禪書正義引作「西北二十三里」誤。

嵩陽縣

洛州嵩〔陽〕縣本夏之綸國也，在緱氏東南六十里。地理志云綸氏縣屬潁川。史記白起王翦列傳「秦攻韓緱氏藺」正義引。按唐嵩陽縣沿隋舊名，後改名登封，此引脱「陽」字。

潁水源出洛州嵩（高）〔陽〕縣東南三十里陽乾山，今俗名潁山泉，源出山之東谷。其側有古人居處，俗名爲潁墟，故老云是潁考叔故居，卽酈元注水經所謂潁谷也。史記鄭世家「遷其母武姜於城潁」正義引。又史記禮書「汝潁以爲險」正義引作「潁水源出洛州嵩高縣東南三十五里陽乾山，俗名潁山。地理志陽乾山，潁水出，東至下蔡入淮也。」按禮書正義引「嵩高」亦當作「嵩陽」。作「三十五里」，不同。

壽安縣

召伯廟在洛州壽安縣西北五里。召伯聽訟甘棠之下，周人思之，不伐其樹。後人懷其德，因立廟。有棠，在九曲城東阜上。史記燕召公世家「有棠樹」正義引，又詩地理考卷一「甘棠南國」引。

九曲城在壽安縣西北五里。穆天子傳「天子西征，升於九阿」，卽此。魏大統三年，陳忻邀東魏陽州刺史段理於九曲，破之。唐武德二年，王世充與唐兵戰於九曲，秦叔寶等來降。三年，熊州總管史萬寶邀敗王世充子元應於九曲。太平寰宇記補闕河南壽安縣引。

新安縣

澗水源出洛州新安縣東白石山，東北與穀水合流，經洛州郭内東流入洛。史記夏本紀「伊雒瀍澗」正義引。又夏本紀「東北會於澗瀍」正義引作「澗水出洛州新安縣白石山之陰。」

瀍水出洛州新安縣東，南流至洛州郭内，南入洛。史記夏本紀「伊雒瀍澗」正義引。

鄭州

管城縣

鄭州管城縣外城，古管國城也，周武王弟叔鮮所封。史記周本紀「封弟叔鮮於管」正義引，又史記管蔡世家「管叔鮮」正義引，又詩地理考卷三管蔡引。

故祭城在鄭州管城縣東北十五里，鄭大夫祭仲邑也。釋例云祭城在河南，上有敖倉，周公後所封也。史記周本紀「祭公謀父諫曰」正義引。又詩地理考卷二「祭仲」引首二十一字。

故華陽城在鄭州管城縣南（四）〔三〕十里。司馬彪云華陽（亭）在（今洛州）密縣。史記趙世家「秦將白起破我華陽」正義引。又史記周本紀「秦破華陽約」正義引及通鑑卷四周赧王紀「趙人魏人伐韓華陽」注引「故華陽城」十四字。按「四」當作「三」，史記秦本紀「擊芒卯華陽」正義引及穰侯列傳「爲華君」正義作「三十里」，與元和郡縣志説合，兹據改。司馬彪郡國志河南密縣有華陽山，非亭，此「亭」及「今洛州」四字爲衍文，今删。

故華城在鄭州管城縣南三十里。國語云史伯對鄭桓公，虢、鄶十邑，華其一也。史記秦本紀「擊芒卯華陽破之」正義引。

武彊故城在鄭州管城縣東北三十一里。史記曹相國世家「還攻武彊」正義引。

圃田澤在鄭州管城縣東三里。周禮云豫州藪曰圃田也。史記魏世家「五入圃中」正義引，又玉海卷九魏圃中引。

衍，地名，在鄭州。史記魏世家「秦拔我垣蒲陽衍」正義引。

滎陽縣

滎陽縣卽大索城。杜預云成皋東有大索城。史記項羽本紀「戰滎陽南京索間」正義引。

小索故城在滎陽縣北四里。京相璠地名云京縣有大索亭、小索亭，大、小氏兄弟居之，故有大小之號。史記項羽本紀「戰滎陽南京索間」正義引，又通鑑卷九漢高帝紀「戰滎陽南京索間」注引。

東廣武、西廣武在鄭州滎陽縣西二十里。戴延之西征記云三皇山上有二城，東曰東廣武，西曰西廣武，各在一山頭，相去〔二〕百步。汴水從廣〔武〕澗中東南流，今涸無水。城各有三面，在敖倉西。郭緣生述征記云一澗橫絶上過，名曰廣武。相對皆立城塹，遂號東、西廣武。　史記項羽本紀「與漢俱臨廣武而軍」正義引，又通鑑卷十漢高帝紀「軍廣武」注引。按據郡國志劉昭注引西征記增「二」字。「廣」下脱「武」字，據水經濟水注增。

東廣武城有高壇，卽是項羽坐太公俎上者，今名項羽堆，亦呼太公亭。　史記項羽本紀「爲高俎置太公其上」正義引。

宅陽故城一名北宅，在鄭州滎陽縣東南十七里。　史記魏世家「與韓會宅陽」正義引，又史記穰侯列傳「入北宅」正義引，又通鑑卷二周顯王紀「魏韓會于宅陽」注引。

京縣〔故〕城在鄭州滎陽縣東南二十里，鄭之京邑也。晉太康地志云鄭太叔段所居邑。　史記項羽本紀「戰滎陽南京索間」正義引。又史記老子韓非列傳「申不害京人也」正義引、詩地理考卷二京引，通鑑卷九漢高帝紀「戰滎陽南京索間」注引，均無「晉太康地志」以下十三字。按項羽本紀正義引脱「故」字，老子韓非列傳及通鑑注引不脱。

敖倉在鄭州滎陽縣西十五里（縣）〔石〕門之東，北臨汴水，南帶三皇山，秦時置倉於敖山，〔故〕名敖倉云。　史記項羽本紀「以取敖倉粟」正義引，又通鑑卷十漢高帝紀「以取敖倉粟」注引，又玉海卷七「酈食其畫取楚之策」引，又史記酈生陸賈列傳「據敖倉之粟」正義。按「縣」字誤，當作「石」，玉海及酈生陸賈列傳正義不誤，並有「故」字，今據補正。

滎澤縣

滎陽故城在鄭州滎澤縣西南十七里。殷時敖地，周時名北制，在敖山之陽。詩地理考卷三敖引。又史記殷本紀「帝仲丁遷于隞」正義引、玉海卷四商都引無「周時」以下十字。

〔汴渠〕一名莨蕩渠，今名通濟渠，首受黄河，漢書有滎陽漕渠，如淳曰今礫溪口是也。自宋武北征之後，復皆湮塞。隋煬帝大業元年更令開導，名通濟渠。西通河、洛，南達江、淮，煬帝巡幸，每泛舟而往江都焉；其交、廣、荆、益、揚、越等州運漕商旅，往來不絶。通典卷一百七十七州郡七引坤元録。按通典本文補出「汴渠」二字。

汴口堰在〔滎澤〕縣西二十里，又名梁公堰，隋文帝開皇七年使梁濬增築漢古堰，遏河入汴也。通典卷一百七十七州郡七引坤元録。據通典本文增「滎澤」二字。

故王宫在鄭州滎澤縣西北十五里王宫城中。左傳云晉文公敗楚於城濮，至于衡雍，作王宫于踐土也。按王(城)〔宫〕則所作在踐土，城内東北隅有踐土臺，東去衡雍三十餘里也。史記周本紀「晉文公召襄王會河陽踐土」正義引。按據方輿紀要卷四十七鄭州滎澤縣王宫條改「宫」字。

原武縣

故卷城在鄭州原武縣西北七里。釋例地名云卷縣所理垣雍城也。史記絳侯周勃世家「其先卷人」正義引，又史記魏世家「得垣雍」正義引。又史記秦本紀「客卿胡陽攻魏卷」正義引無「釋例地名」十三字，有「卽垣雍也」句。

故安城在鄭州原武縣東南二十里。史記魏世家「使道安成」正義引，又玉海卷九魏安城引。

陽武縣

陽武故城在鄭州陽武縣東北十八里，漢陽武縣城也。史記曹相國世家「從攻陽武」正義引。

新鄭縣

鄭州新鄭縣，本有熊氏之墟也。史記周本紀「有熊九駟」正義引。

故鄶城在鄭州新鄭縣東北(二)〔三〕十二里。毛詩譜云：「昔高辛之土，祝融之墟，歷唐至周，重黎之後妘姓處其地，是爲鄶國，爲鄭武公所滅也。」史記楚世家「四曰會人」正義引。又史記鄭世家「地近虢鄶」正義引作「故鄶城在新鄭縣東北三十二里」，無「毛詩譜云」以下文。按「二」當作「三」，鄭世家正義引作「三十二里」，與元和郡縣志合，今改。

宛陵故城在鄭州新鄭縣東北三十八里，本(鄭)〔漢〕舊縣也。史記魏世家「從林鄉軍以至于今」正義引，又玉海卷九魏林鄉引。按「鄭」字誤，當作「漢」，蓋謂宛陵故城卽漢縣。

洧水在鄭州新鄭縣北三里故新鄭城南。韓詩外傳云鄭俗，二月桃花水出時，會于溱、洧水上，以自祓除。史記鄭世家「伐鄭兵於洧上」正義引。

陘山在鄭州新鄭縣西南三十里。史記楚世家「取我陘山」正義引，又史記魏世家「魏伐楚敗之陘山」正義引。

陘山在鄭州西南一百(一)〔二〕十里。史記楚世家「齊桓公以兵侵楚至陘山」正義引。按元和郡縣志謂新鄭縣在鄭州西南九十里，括地志陘山在新鄭縣西南三十里，則陘山在州西南一百二十里，此引「一」爲「二」之誤。

子産墓在鄭州新鄭縣西南三十五里。酈元注水經云：「子産墓在溴水上，累石爲方墳，墳東北向鄭城，杜預(云)言不忘本也。」史記鄭世家「子産卒」正義引。按「云」字衍，據水經溴水注删。

密縣

故鄗城在(洛)〔鄭〕州密縣界。杜預云國名，今平原鄗縣也。史記夏本紀「帝少康立」正義引。按括地志密縣屬鄭州，唐高宗龍朔二年改屬洛州，見舊唐書地理志，今改「鄭」字。

汜水縣

(洛)〔鄭〕州汜水縣，古東虢國，亦鄭之制邑，漢之成皐，卽周穆王虎牢城。左傳云宫之奇曰虢仲、虢叔，王季之穆也。史記秦本紀「鄭伯虢叔殺子積而入惠王」正義引。又史記秦本紀「韓獻成皋鞏」正義引、史記外戚世家「坐河南宮成皋臺」正義引無「左傳」以下文。按汜水縣，括地志成書時本屬鄭州，唐高宗顯慶二年改屬洛州，見元和郡縣志汜水縣，今皆改正。

成皋故縣在（洛）〔鄭〕州汜水縣（西）〔東〕南二里。史記項羽本紀「出走成皋」正義引，又史記淮南衡山列傳「先要成皋之口」正義。按淮南衡山列傳正義當是引括地志，作「東南二里」，與元和郡縣志同，項羽本紀正義引「西」字誤，今改「東」。

汜水源出（洛）〔鄭州〕汜水縣東南三十二里方山。山海經云浮戲之山，汜水出焉。史記項羽本紀「渡兵汜水」正義引，又通鑑卷十漢高帝紀「渡兵汜水」注引。

（洛）〔鄭〕州汜水縣，古（東）虢叔之國，東虢君也。史記鄭世家「地近虢鄶」正義引。按據上秦本紀正義引删此「東」字。

汴州

浚儀縣

逢澤亦名逢池，在汴州浚儀縣東南十四里。史記秦本紀「會逢澤」正義引，又通鑑卷二周顯王紀「會諸侯逢澤」注引。

陳留縣

陳留，汴州縣也，在州東五十里，本漢陳留郡(及)陳留縣地。孟康云留，鄭邑也，後爲陳所并，故曰陳留。臣瓚又按宋有留，彭城留是也；此留屬陳，故曰陳留。史記項羽本紀「擊陳留外黄」正義引。又通鑑卷八秦二世紀「去攻陳留」注引首十二字。按漢陳留縣屬陳留郡。唐陳留縣爲隋分浚儀縣置，非漢舊縣，于漢則陳留縣之地。此引衍「及」字。

小黄故城在汴州陳留縣東北三十三里。史記高祖本紀「母曰劉媪」正義引。

古莘國，在汴州陳留縣東五里，故莘城是也。陳留風俗傳云陳留外黄有莘昌亭，本宋地，莘氏邑也。史記殷本紀「爲有莘氏媵臣」正義引。

東昏故城在汴州陳留縣東北九十里。史記陳丞相世家「陳丞相平者陽武户牖鄉人也」正義引，又通鑑卷十一漢高帝紀「封陳平爲户牖侯」引。

雍丘縣

汴州雍丘縣，古杞國。地理志云古杞國理此城。周武王封禹後於杞，號東樓公，二十一代爲楚所滅。史記周本紀「大禹之後于杞」正義引。又史記夏本紀「至周封于杞」正義引作「雍丘縣古杞國城也，周武王封禹後號東樓公」。

故周城即外黄之地，在雍丘縣東。史記項羽本紀「還攻外黄」正義引，又通鑑卷八秦二世紀「攻外黄未下」注引。

故囿城有南北二城，在汴州雍丘縣界，本屬外黄，即太子申見徐子之地。史記魏世家「外黄徐子謂太子曰」正義引。又史記酈生陸賈列傳「陳留高陽人」正義引作「囿城在雍丘縣西南」。

酈食其墓在雍丘縣西南二十八里。史記酈生陸賈列傳「酈食其者陳留高陽人也」正義引。

尉氏縣

三亭岡在汴州尉氏縣西南三十七里。史記范睢蔡澤列傳「先生待我于三亭之南」正義引。

汝州

梁縣

故梁城在汝州西南二百步。晋太康地記云戰國時謂南梁者，别於大梁、少梁也。古蠻子邑也。史記田敬仲完世家「戰於南梁」正義引。

古梁城在汝州梁縣西南〔四〕十五里。史記周本紀「而遷西周君於𢿝狐」正義引。按此梁城即漢梁縣故城。此引脱「四」字，據元和郡縣志及太平寰宇記增。方輿紀要卷五十一河南汝州下引括地志云「梁城在汝南，注城在汝北，隔水相對」，未詳所本，但注城在唐梁縣西四十五里，蓋兩城相距里數相同，惟梁城在唐梁縣西南，注城則在正西。

注城在汝州梁縣西〔四〕十五里。史記魏世家「敗秦于注」正義引，又通鑑卷五周赧王紀「又伐韓取注」注引。按通鑑注引作「四十五里」，正義引脱「四」字，方輿紀要亦説注城在汝州西四十五里。

汝州(外)古梁城，即𢿝狐聚也。史記周本紀「遷西周公於𢿝狐」正義引。按「外」字衍，古梁城即𢿝狐聚，在汝州西南十五里。

陽人故城即陽人聚，在汝州梁縣西四十里，秦遷東周君〔所居〕地。史記周本紀「遷西周公於𢿝狐」正義引，又通鑑卷六秦昭襄王紀「遷西周於𢿝狐」注引。按通鑑注引有「所居」二字。各本史記正義皆作「秦遷東周君居也」，蓋脱一「所」字。

周承休城一名梁雀塢，在汝州梁縣東北二十六里。帝王世紀云：「漢武帝元鼎四年東巡河、洛，思周德，乃封姬嘉三千户，地方三十里，爲周子南君，以奉周祀。元帝初元五年嘉孫延年進爵爲承休侯。元帝元始四年進爲鄭公。光武建武十三年封於觀，爲衞公。」史記周本紀「號曰周子南君」正義引。

成安故城在汝州梁縣東二十三里，地理志云成安屬潁川郡。史記韓長孺列傳「梁成安人也」正義引。

故麻城謂之蠻中，在汝州梁縣界。左傳單浮餘圍蠻氏，杜預云城在河南新城東南，伊洛之戎陸渾蠻氏城也。俗以爲麻、蠻聲相近故耳。史記周本紀「楚莊王伐陸渾之戎」正義引。

魯山縣

汝州魯山縣本漢魯陽縣也，古魯縣，以(古)魯山爲名也。史記楚世家「魏取我魯陽」正義引。按括地志本漢志爲説，漢志南陽郡魯陽縣云「有魯山，古魯縣」，此引魯山上衍一「古」字。

故應城，因應山爲名，在汝州魯山縣東三十里，左傳云邘、晉、應、韓，武之穆也。史記秦本紀「與魏王會應」正義引，又通鑑卷三周赧王紀「秦魏會于應」注引。

故應城，古應鄉，在汝州魯山縣東(四)〔三〕十里。史記范睢蔡澤列傳「秦封范睢以應」正義引，又史記魏世家「與秦會應」正義引，又史記梁孝王世家「封小弟以應」正義引。按「四」當作「三」，魏世家、梁孝王世家正義引作「三十里」是。

故應城，殷時應國，在父城。史記周本紀「因以應爲太后養地」正義引。

汝水源出汝州魯山縣西伏牛山，亦名猛山。汝水至豫州郾城縣名潰水，爾雅云「河有濉，汝有濆」，亦汝之別名。地理志高陵山，汝出，東南至新蔡縣入淮。史記禮書「汝潁以爲險」正義引。

犨城在汝州魯山縣東南。史記樊酈滕灌列傳「南攻秦軍於犨」正義引。

郟城縣

汝州郟城縣東〔南〕四十里有父城故城，卽服虔云城父，楚北境者也。又許州（華）〔葉〕縣東北四十五里亦有父城故城，卽杜預云襄城城父縣者也。此二城，父城之名耳，服虔城父是誤也。左傳及注水經云楚大城城父，使太子建居之。十三州志云太子建所居城父，謂今亳州城父是也。此三家之説，是城父之名。地理志云潁川父城縣，沛郡城父縣，據縣屬郡，其名自分。古先儒多惑，故使其名錯亂。史記白起王翦列傳「與蒙恬會城父」正義引，又通鑑卷七秦始皇紀「與蒙恬會城父」注引。按「南」字據元和郡縣志卷七汝州郟城縣父城故城補。「華」當作「葉」，楚世家正義引括地志云「城父故城在許州葉縣東北四十里」。

夏亭故城在汝州郟城縣東北五十四里，蓋夏后所封也。史記夏本紀「湯封夏之後」正義引。

括地志輯校卷四

襄州

安養縣

故鄢城在襄州安養縣北三里，在襄州北五里，南去荆州二百五十里。史記楚世家「於是王乘舟將欲入鄢」正義引。

故偃城在襄州安養縣北三里，古鄾子之國，鄧之南鄙也。史記禮書「然而秦師至鄢郢」正義引。又史記秦本紀「與楚王會鄢」正義引、通鑑卷四周赧王紀「秦白起伐楚取鄢郢」注引均無末句。

故鄧城在襄州安養縣北二十里。春秋之鄧國，莊十六年楚文王滅之。史記楚世家「文王二年過申伐鄧」正義引。

率道縣

率道縣南九里有故鄾城，漢惠帝改曰宜城也。史記禮書「然而秦師至鄢郢」正義引。又史記蘇秦列傳「則鄢郢動矣」正義作「鄢鄉故城在襄州率道縣南九里。」

義清縣

鄢水源出襄州義清縣界託仗山。〔注〕水經云蠻水卽鄢水是也。史記楚世家「於是王乘舟將欲入鄢」正義引。按此爲水經沔水注文，非水經，今增「注」字。

中廬在義清縣北二十里。本春秋時廬戎之國也，秦謂之伊廬，漢爲中廬縣。項羽之將鍾離眛冢在。史記淮陰侯列傳「鍾離眛冢在伊廬」正義引。

荆山縣

荆山縣本漢臨沮縣地也。沮水卽漢水也。史記夏本紀「道嶓冢至于荆山」正義引。

荆山在襄州荆山縣西八十里。韓子云卞和得玉璞於楚之荆山，卽此也。史記夏本紀「荆河惟豫州」正義引。又夏本紀「道嶓冢至于荆山」正義引無「韓子云」以下文。

樂鄉縣

楚昭王故城在襄州樂鄉縣東北三十二里，在故（都）〔鄀〕城東五里，卽楚（國故）昭王徙都鄀城也。史記楚世家「楚恐去郢北徙都鄀」正義引。按「都」當作「鄀」，以形近致誤。「國故」二字衍文。據元和郡縣志樂鄉縣及方輿紀要卷七十九襄陽府宜城縣郡城下引括地志改。

夔州

人復縣

江關，今夔州（魚）〔人〕復縣南二十里江南岸白帝城是。玉海卷十楚扞關引。按漢魚復縣，西魏改名人復縣，唐初因之，貞觀二十三年改奉節縣。括地志成書于貞觀十四年，當名人復縣，此後人習見魚復，少見人復所改。讀史方輿紀要卷六十九夔州府奉節縣引括地志此條亦誤爲魚復。

巫山縣

巫郡在夔州東百里。史記秦本紀「伐楚取巫郡」正義引。又史記蘇秦列傳「西有黔中巫郡」正義作「巫郡，夔州巫山縣是」。

隨州

隨縣

隨州（城）外〔城〕，古隨國城。隨，姬姓也。史記楚世家「乃與王出奔隨」正義引。又楚世家「楚伐隨」

正義引作「隨州外城，古隨國地」，無末句。按「外城」二字互倒，依「楚伐隨」正義引改。「楚伐隨」正義引「地」當作「城」。

均州故城在隨州西南五十里。玉海卷十楚郇陽引，又史記蘇秦列傳「殘均陵」正義。

厲山在隨州隨縣北百里。山東有石穴，〔或〕曰神農生於〔此〕，（厲鄉）所謂（列）〔厲〕山氏也。春秋時爲厲國。史記五帝本紀「神農氏世衰」正義引。按此條張守節引括地志文刪節不當，多不可通，今據水經溳水注增改。「列」爲「烈」之誤，但此當作「厲」，依元和郡縣志改。

濆山一名崑山，一名斷蛇丘，在隨州隨縣北二十五里。說苑云：「昔隨侯行遇大蛇中斷，疑其靈，使人以藥封之，蛇乃能去，因號其處爲斷蛇丘。歲餘，蛇銜明珠，徑寸，絕白而有光，因號隨珠。」史記李斯列傳「有隨和之寶」正義引。

楚昭王城在隨州〔隨〕縣北七里。左傳云吴師入郢，王奔隨，隨人處之公宫之北，卽此城是也。史記楚世家「乃與王出奔隨」正義引。按「州」下缺「隨」字，今增。

棗陽縣

上唐鄉故城在隨州棗陽縣東南百五十里，古之唐國也。世本云唐姬姓之國。史記楚世家「楚昭王滅唐」正義引。又史記晉世家「唐有亂」正義引作「唐，隨州棗陽縣東南一百五十里上唐鄉故城卽是」。又路史國名紀已引作「唐鄉故城在隨州」。

硤州

夷陵縣

夷陵，硤州夷陵縣是也，在荆州西。應劭云夷山在西北。史記楚世家「燒先王墓夷陵」正義引。

巴山縣

扞關，今硤州巴山縣界故扞關是。玉海卷十楚扞關引。又史記張儀列傳「不十日而拒扞關」正義作「扞關在硤州巴山縣界」。

鳳州

兩當縣

鳳州兩當縣，本漢故道縣，在州西五十里。史記曹相國世家「初攻下辯故道」正義引，又史記河渠書「抵蜀從故道」正義引。

利州

綿谷縣

潛水一名復水，今名龍門水，源出利州綿谷縣東龍門山大石穴下。史記夏本紀「沱涔已道」正義引。

益昌縣

苴侯都葭萌，今利州益昌縣五十里葭萌故城是。史記張儀列傳「苴蜀相攻擊」正義引。

温州

長壽縣

竟陵故城在(郢)〔温〕州長壽縣南百五十里。史記白起王翦列傳「遂東至竟陵」正義引。按唐初温州，貞觀十七年改置郢州，括地志當稱温州。

合州

石鏡縣

蜀侯都益州巴子城，在合州石鏡縣南五里。〔石鏡〕故墊江縣也。史記張儀列傳「苴蜀相攻擊」正義引。漢墊江縣，魏改名石鏡，「故墊江縣」上今補「石鏡」二字。

鄧州

穰縣

穰，鄧州所理縣，卽古穰侯國。史記秦本紀「樓緩免穰侯」正義引。

朝陽故城在鄧州穰縣南八十里，應劭云在朝水之陽也。史記三王世家「子爲朝陽侯」正義引。

涅陽故城在鄧州穰縣東北六十里，本漢舊縣也，應劭云在涅水之陽。史記項羽本紀「封呂勝爲涅陽侯」正義引。

順陽故城在鄧州穰縣西三十里，楚之郇邑也。史記張釋之列傳「張廷尉釋之者堵陽人也」正義引。

南陽縣

南陽縣故城在宛大城之南隅，其西南有二面，皆故宛城。史記高祖本紀「保城守宛」正義引。

杜衍（侯）故縣在鄧州南陽縣西八里。史記項羽本紀「封王翳爲杜衍侯」正義引。杜衍，漢縣，屬南陽郡，此引衍「侯」字。

故申城在鄧州南陽縣北三十里，晉太康地理志云周宣王舅所封。史記楚世家「伐申過鄧」正義引。又史記鄭世家「娶申侯女」正義引作「故申城在鄧州南陽縣北三十里，左傳云鄭武公取于申也」。

故呂城在鄧州南陽縣西三十里，呂尚先祖封。史記呂太后本紀「呂忿爲呂城侯」正義引。

向城縣

博望故城在鄧州向城縣東南四十五里。史記田敬仲完世家「朝齊王于博望」正義引，又通鑑卷十九漢武帝紀「會博望侯軍亦至」注引。

鄧州向城縣南二十里西鄂故城，是楚西鄂。史記楚世家「至于鄂」正義引。

新城縣

故酈縣在鄧州新城縣西北四十里。史記越王勾踐世家「商於析酈宗胡之地」正義引。又史記齊悼惠王世家「酈侯吕台爲吕王」正義引。

内鄉縣

鄧州内鄉縣城本楚析邑，一名丑，漢置析縣，因析水爲名也。史記楚世家「取析十五城而去」正義引。

於中在鄧州内鄉縣東七里。史記越王勾踐世家「北圍曲沃於中」正義引。

故丹城在鄧州内鄉縣西南百三十里，南去丹水二百步。汲冢紀年云后稷放帝子丹朱于丹水是也。輿地志云秦爲丹水縣也。地理志云丹水縣屬弘農郡。抱朴子云「丹水出丹魚，先夏至十日，夜伺之，魚浮水側，光照如火，網而取之，割其血以塗足，可以步行水上，長居川中不溺」。史記高祖本紀「至丹水」正義引。又史記五帝本紀「嗣子丹朱開明」正義引作「丹水故城在鄧州内鄉縣西南百三十里。丹水故縣也。」

故長城在鄧州内鄉縣東七十五里，南入穰縣，北連翼望山，無土之處，累石爲固。楚襄王控霸南土，争强中國，多築列城於北方，以適華夏，號爲方城。史記越王勾踐世家「夏路以左」正義引。

歸州

秭歸縣

熊繹墓在歸州秭歸縣。輿地志云秭歸縣東有丹陽城，周迴八里，熊繹始封也。史記楚世家「姓羋氏居丹陽」正義引。

歸州秭歸縣丹陽城，熊繹之始國。其後彊大，封畛於汝南并吳越地方五千里。通鑑卷一周威烈王紀「國人立其子」注引。

巴東縣

丹陽故國，歸州巴東縣也。路史國名紀已引。

歸州巴東縣東南四里歸故城，楚子熊繹之始國也。史記楚世家「姓羋氏居丹陽」正義引，又詩地理考卷三荆引。

荆州

江陵縣

郢城在荆州江陵縣東北六里，卽吴公子光伐楚，楚平王恐，城郢者也。又楚武王始都郢，紀南故城是也，在江陵縣北十五里。史記禮書「然而秦師至鄢郢」正義引。又史記秦本紀「取郢爲南郡」正義引作「郢城在荆州江陵縣東北六里，楚平王築都之地。」

紀南故城在荆州江陵縣北(五)十〔五〕里。杜預云「國都於郢，今南郡江陵縣北紀南城是。」又至平王，更城郢，在江陵縣東北六里，故郢城是也。史記楚世家「始都郢」正義引。按紀南城以在紀山之南而得名，紀山在江陵縣北三十里，則紀南城不能遠至江陵縣北五十里，禮書正義引作「十五里」是，此「十五」二字誤倒，今移正。

長林縣

章山在荆州長林縣東北六十里。今漢水附章山之東，與經史符會。史記夏本紀「内方至于大别」正義引。

安興縣

章華臺在荆州安興縣東八十里。玉海卷一百六十二宫室臺引。

梁州

南鄭縣

南鄭，梁州所理縣也。史記項羽本紀「王巴蜀漢中都南鄭」正義引，又通鑑卷九漢高帝紀「都南鄭」注引。

褒城縣

褒國故城在梁州褒城縣東二百步，古褒國也。史記周本紀「幽王愛褒姒」正義引。

褒谷在梁州褒城縣北五十里南中山。昔秦欲伐蜀，路無由入，乃刻石爲牛五頭，置金於後，僞言此牛能屎金，以遺蜀。蜀侯貪，信之，乃令五丁共引牛，塹山堙谷，致之成都。秦遂尋道伐之，因號曰石牛道。蜀賦〔注〕以「石門在漢中之西，褒中之北」是。史記留侯世家「良送至褒中」正義引。又史記河渠書「欲通褒斜道」正義引首十二字。按此引左思蜀都賦李賢注，今增「注」字。

斜水源出褒城縣西北九十八里衙嶺山，與褒水同源而流派。漢書溝洫志云褒水通沔，斜水通渭，皆以行船是也。史記河渠書「欲通褒斜道」正義引。又史記留侯世家「良送至褒中」正義引無「九十八里」四字及「是也」二字。

金牛縣

嶓冢山在梁州金牛縣東二十八里。史記夏本紀「汶嶓既蓺」正義引。

嶓冢山水，始出山如沮洳，故曰沮水。東南爲漾水，又爲沔水。至漢中爲漢水，至均州爲滄浪水。始欲出大江爲夏口，又爲沔口。漢江，一名沔江也。史記夏本紀「嶓冢道漾東流爲漢」正義引。

漢水源出梁州金牛縣東二十八里嶓冢山，至荆州與大江合爲夏水。詩地理考卷一「江漢之域」引。又史記夏本紀「江漢朝宗于海」正義引無末十字。

城固縣

成固故城在梁州城固縣東六里，漢城固城也。史記袁盎鼂錯列傳「鄧公成固人也」正義引。

黑水源出梁州城固縣西北太山。史記夏本紀「華陽黑水惟梁州」正義引。

均州

武當縣

均州武當縣有滄浪水。庾仲雍漢水記云武當縣西四十里漢水有洲名滄浪洲也。地記云水出荆山，東南流爲滄浪水。史記夏本紀「又東爲滄浪之水」正義引。

巴州

化城縣

皇喉蛇頂上當頷皆有王字，本是蟒蛇種也，巴蛇卽是。大藏音義卷三十五引。

商州

上洛縣

王陵故城在商州上洛縣南三十一里。荆州記云昔漢高祖入秦，王陵起兵丹水以應之，此城王陵所築，因名也。史記高祖本紀「因王陵兵南陽」正義引。

熊耳山在商州上洛縣西十里，齊桓公登之以望江漢也。史記五帝本紀「登熊湘」正義引。

潘，商州上洛縣西四十里潘城是。路史國名紀戊引魏王地記。

洛南縣

洛水出商州洛南縣西冢嶺山，東北流入河。史記夏本紀「道雒自熊耳」正義引，又史記封禪書「汧洛二淵」正義引。又史記夏本紀「伊雒瀍澗」正義引作「洛水出商州商洛縣冢嶺山，東流經洛州郭内，又東合伊水。」

商洛縣

商州東八十里商洛縣，本商邑，古之商國，帝嚳之子卨所封也。史記殷本紀「封于商」正義引，又史記商君列傳「秦封之於商」正義，又玉海卷四商都引，又詩地理考卷五「生商」引。又史記越王勾踐世家「商於析酈宗胡之地」正義引作「商洛縣古商國城也。」

故武關在商州商洛縣東九十里。春秋時少習也，杜預云少習，商縣武關也。史記秦始皇本紀「由武關歸」正義引。又史記曹相國世家「從西攻武關」正義引、玉海卷七武關引無「春秋時」以下文。

商坂亦曰楚山，在商州商洛縣南一里。玉海卷九「韓商坂」引。

渝州

巴縣

巴子都江州，〔巴水〕在都之北。史記張儀列傳「苴蜀相攻擊」正義引。按此當是括地志敍渝州沿革，正義引以釋巴蜀，今有脱誤，據水經江水注及方輿紀要卷六十九重慶府巴縣江州城補「巴水」二字。

房州

房陵縣

房州房陵縣，古楚漢中郡地也，是巴蜀之境。地理志云房陵縣屬漢中郡。在益州部，接東南一千三百一十里也。史記秦始皇本紀「遷蜀四千餘家房陵」正義引。

趙王遷墓在房州房陵縣西九里。史記趙世家「以王遷降」正義引。

竹山縣

房州竹山縣及金州，古庸國也。史記周本紀「及庸蜀羌髳微纑彭濮人」正義引。

上庸，今房州竹山縣及金州是也。史記秦本紀「與楚上庸」正義引，又玉海卷十楚郇陽引。

房州竹山縣，本漢上庸縣，古之庸國，昔周武王伐紂，庸蠻在焉。史記楚世家「乃興兵伐庸」正義引。

方城〔山在〕房州竹山縣東南四十一里。其山頂上平，四面險峻。山南有城，長十餘里，名爲方城。史記禮書「緣之以方城」正義引。

益州

成都縣

江瀆祠在益州成都縣南八里。秦并天下，江水祠蜀。史記封禪書「江水祠蜀」正義引。

大江一名汶江，一名管橋水，一名(清)〔流〕江，亦名〔外〕水江，西南自温江縣界流來。郫江亦名(成)都江，一名市橋江，亦名中(日)江，亦曰內江，西北自新繁縣界流來。二江並在益州成都縣界。任豫益州記云二江者，郫江、流江也。風俗通云：「秦昭王使李冰爲蜀守，開成都(縣)兩江，溉田萬頃。〔江〕神(須)〔歲〕取女二人以爲婦，冰自以女與神爲婚。徑自祠勸神酒，酒杯澹澹，（因）〔冰〕厲聲責之，因忽不見。良久，有兩蒼牛鬬於江岸，有閒，（輒）〔冰〕還，流汗謂官屬曰：『吾鬬疲極，不當相助耶？南向腰中正白者，我綬也。』主簿刺殺北面者，江神遂死。」華陽國志云：「蜀時濯錦流江中，則鮮明也。」史記河渠書「穿二江成都之中」正義引。按「清」當作「流」，脱「外」字，汶江卽流江，又稱外水。都江因都安縣而得名，三國時人之稱，今都江堰古名都安堰，見水經江水注，此引衍「成」字。中江卽内江，「日」字衍。此引風俗通文字有脱誤，今據水經江水注補正。

新繁縣

繁江水受郫江，禹貢云「岷山導江，東别爲沱」，（源）出益州新繁縣。史記夏本紀「沱涔已道」正義引。按古以郫江爲江沱，此則以郫江支分爲沱，繁江水今無考，既云首受郫江，此「源」字應衍。

雒縣

漢武帝置十三州，改梁州爲益州，〔後漢理〕廣漢〔郡〕，廣漢今益州（呇）〔雒〕縣是也。史記天官書「益州」正義引。按據後漢書郡國志增「後漢理」三字及「郡」字。「呇」爲「雒」，形近致誤，今據兩唐書地理志改。

什邡縣

雍齒城在益州什邡縣南四十步。漢什邡縣，漢初封雍齒爲侯國。史記留侯世家「封雍齒爲什邡侯」正義引。

綿州

西昌縣

西昌縣城西十里地名木棚，有益昌縣。太平寰宇記卷八十三緜州西昌縣引。

龍安縣

茶川水在龍安縣東六十里，西岸出茶，因名。輿地紀勝卷一百五十二引。

通化山一名精石山，在龍安西三十餘里。乾江水出精石山。輿地紀勝卷一百五十二引。

眉州

彭山縣

鼎山北有龍洲，東接導江。太平寰宇記卷七十四眉州彭山縣引。

雅州

嚴道縣

嚴道今爲縣，卽（邛）〔雅〕州所理縣也。縣有蠻夷曰道，故曰嚴道。史記孝文本紀「羣臣請處王蜀嚴道邛都」正義引。按嚴道縣爲唐雅州治所，邛州則治臨邛縣，「邛」當作「雅」，據兩唐書地理志改。

蒙山在雅州嚴道縣南十里。史記夏本紀「蔡蒙旅平」正義引。

榮經縣

邛來山在雅州榮經縣界。榮經，武德年間置，本秦嚴道縣地。華陽國志云：「邛笮山，故邛人、笮人界也。山巖峭峻，曲回九折乃至，上下有凝冰。」按卽王尊登者也。今從九折〔坂〕西南行至巂州，山多雨少晴，俗呼名爲漏天。史記孝文本紀「羣臣請處王嚴道邛都」正義引。按「九折」下脱「坂」字，據漢書王尊傳增。

雅州榮經縣北三里有銅山，卽鄧通得賜銅山鑄錢者。史記佞幸列傳「賜鄧通蜀嚴道銅山」正義引，又通鑑卷十四漢文帝紀「賜之蜀嚴道銅山使鑄錢」注引。

茂州

汶川縣

岷山在茂州汶川縣。史記夏本紀「汶山之陽」正義引。

茂州汶川縣石紐山，在縣西七十三里。華陽國志云今夷人共營其地，方百里不敢居牧，至今猶不敢放六畜。楊雄蜀王本紀云禹本汶山郡廣柔縣人也，生於石紐。按廣柔隋改曰汶川。史記夏本紀「名曰文命」正義引。又玉海卷八「秦西羌」引無「華陽國志」以下二十七字，餘同。

蜀西徼外羌，茂州、冄州本冄駹國地也。後漢書云冄駹其山有六夷、七羌、九氐，各有部落也。史記西南夷列傳「冄駹最大」正義引。

戎州

僰道縣

犍爲郡，今戎州也，在益州南一千餘里。史記大宛列傳「乃令騫因蜀犍爲發閒使」正義。

今益州南戎州，北臨大江，古僰國。史記西南夷列傳「筰馬僰僮」正義。

巂州

越巂縣

巂，今巂州也。史記西南夷列傳「名爲巂昆明」正義引。

邛都縣

邛都縣本邛都國，漢爲縣，今巂州〔縣〕也。西南夷傳云「滇池以北，君長以十數，邛都最大」是也。史記孝文本紀「羣臣請處王嚴道邛都」正義引。按邛都，唐巂州屬縣，非即巂州，州治越巂縣。「也」上缺「縣」字，今增。

昆明縣

昆明，巂州縣，蓋南接昆明之地，因名也。史記西南夷列傳「巂昆明」正義引。

筰州

遂都縣

筰州本西蜀徼外，曰貓羌巂。史記西南夷列傳「徙筰都最大」正義引。

郎州

味縣

五尺道在郎州。顏師古云其處險阸，故道纔廣五尺。如淳云道廣五尺。史記西南夷列傳「略通五尺道」正義引。

姚州

姚城縣

靡非在姚州北，去京西南四千九百三十五里。卽靡莫之夷。史記西南夷列傳「靡莫之屬」

正義。

昆州

益寧縣

昆州、郎州等地本滇國，去京西五千三百七十里也。史記西南夷列傳「其西靡莫之屬以十數滇最大」正義引。

晉寧縣

滇池澤在昆州晉寧縣西南三十里。其池水源深廣而末更淺狹，有似倒流，故謂滇池。史記西南夷列傳「蹻至滇池」正義引。又通鑑卷十九漢武帝紀「始通滇國」注引首十四字。

光州

定城縣

黃國故城，漢弋陽縣也，(秦)〔春秋〕時黃〔國〕都，嬴姓，在光州定城縣(四)〔西〕十里。史記楚世家「二十一年伐黃」正義引。又史記陳杞世家「江黃胡沈之屬」補正義引作「黃國故城在光州定城縣西十二里，春秋時黃國都也。」按楚世家正義引有脫誤，當如陳杞世家補正義所引，元和郡縣志及太平寰宇記均謂改黃城在定城縣西。

固始縣

光州固始縣本春秋時蓼國，偃姓，皋陶之後也。左傳云子燮滅蓼。太康地志云蓼國先在南陽，故縣今豫州郾〔城〕縣界故胡城是也。史記夏本紀「封皋陶之後於英六」正義引。按楚世家「楚滅胡」正義引括地志云「胡城在豫州郾城縣界」，此引脫「城」字，今增。

光州固始縣，古蓼國，南蓼也。春秋時蓼國，偃姓，皋陶之後。又有北蓼城，在固始縣北六十里。蓼國有南北二城。史記陳杞世家「皋陶之後或封英六」補正義引。

期思故城在光州固始縣界。史記黥布列傳「封賁赫爲期思侯」正義。

申州

鍾山縣

石城山在申州鍾山縣東南二十一里。魏攻冥阸，即此山。上有故石城。注水經云〔冥陒〕或言在(鄍)〔鄳〕，指此山也。呂氏春秋云九塞，此其一也。史記魏世家「而攻冥陒之塞」正義引。按據水經淮水注增「冥陒」二字。「鄍」字誤，當作「鄳」，卽漢鄳縣。

羅山縣

申州羅山縣，本漢鄳縣。有平(淸)〔靖〕關，蓋古鄳縣之陒塞。通鑑卷六秦始皇紀「鄳陒之塞」注引，又史記蘇秦列傳「因以塞鄳陒爲楚罪」正義。按據太平寰宇記改「靖」。

壽州

安豐縣

故六城在壽州安豐縣南百三十二里。本六國，偃姓，皐繇之後所封也。黥布亦皐繇之後，居六也。史記項羽本紀「故立布爲九江王都六」正義引。又「以舒屠六」正義引作「偃姓，咎繇之後」。

故六城在壽州安豐縣南一百三十二里。春秋文五年秋，楚成大心滅之。史記夏本紀「封皐陶之後于英六」正義引。

肥陵故縣在壽州安豐縣東六十里，在故六城東北百餘里。史記淮南衡山列傳「葬肥陵邑」正義引。

咎繇墓在壽州安豐縣南一百三十里，故六城東東都陂内大家也。史記夏本紀「而皋陶卒」正義引。

霍山縣

灊故城在壽州霍山縣東二百步。史記刺客列傳「將兵圍楚之灊」正義引。

濠州

鍾離縣

鍾離國故城在濠州鍾離縣東北五里。史記絳侯周勃世家「共食鍾離」正義引，又史記魯周公世家「始與吴王壽夢會鍾離」正義引。

定遠縣

陰陵縣故城在濠州定遠縣西北六十里。地理志云陰陵縣屬九江郡。史記項羽本紀「至陰陵迷失道」正義引，又通鑑卷十一漢高帝紀「至陰陵」注引。

東城縣故城在濠州定遠縣東南五十里。地理志云東城縣屬九江郡。史記項羽本紀「至東城乃有二十八騎」正義引，又史記陳涉世家「葛嬰至東城」正義引。

虞姬墓在濠州定遠縣東六十里。長老傳云項羽美人冢也。史記項羽本紀「有美人名虞常幸從」正義引。

廬州

舒城縣

龍山在舒城，以山狀如龍形名。太平寰宇記卷一百二十六廬州舒城縣引。

巢縣

廬州巢縣有巢湖，即尚書成湯伐桀，放於南巢者也。淮南子云湯敗桀於歷山，與末喜同舟，浮江奔南巢之山而死。國語云滿於巢湖。又云夏桀伐有施，施人以妹喜女焉。史記夏本紀「桀走鳴條遂放而死」正義引。

髑髏山在廬州巢縣東北五里。昔范增居(北)〔此〕山之陽，後佐項羽。史記項羽本紀「疽發背而死」正義引。按「北」當作「此」。據越王勾踐世家正義引括地志陶山條改。

橐皋故縣在廬州巢縣西北五十六里。史記伍子胥列傳「吴王召魯衞之君會之橐皋」正義。

舒州

廬江縣

舒，今廬江之故舒城是也。史記項羽本紀「以舒屠六」正義引。

同安縣

海渚在舒州同安縣東。史記秦始皇本紀「至海渚」正義引，又通鑑卷七秦始皇紀「渡海渚」注引。

團亭港，其水發源於界内南峽山，東南一百五十里入團湖。太平寰宇記卷一百二十五舒州桐城縣引。

揚州

六合縣

揚州六合縣，本春秋時棠邑，伍尚爲大夫也。史記楚世家「奢曰尚至胥不至」補正義引。

滁州

全椒縣

九頭山在滁州全椒縣西北九十六里。江表傳云項羽敗至烏江，漢兵追羽至此，一日九戰，因名。史記項羽本紀「期山東爲三處」正義引。

楚州

山陽縣

楚州山陽本漢射陽縣。吴地志云在射水之陽，故曰射陽。史記項羽本紀「乃封項伯爲射陽侯」正義引。

盱眙縣

東陽故城在楚州盱眙縣東七十里，秦東陽縣城也，在淮水南。史記項羽本紀「聞陳嬰已下東陽」正義引。

東陽故城在楚州盱眙縣東七十里。注水經云淮陰縣楚漢之間爲東陽郡。通鑑卷八秦二世紀「聞陳嬰已下東陽」注引。

富陵故城在楚州盱眙縣東北六十里。史記荆燕世家「荆王賈與戰不勝走富陵」正義引，又通鑑卷十二漢高帝紀「荆王賈走死富陵」注引。

和州

歷陽縣

和州歷陽縣本漢舊縣也。淮南子云「歷陽之都，一夕而爲湖」。漢帝時歷陽淪爲歷湖。史記項羽本紀「歷陽侯范增」正義引。

烏江縣

烏江亭卽和州烏江縣是也，晉初爲縣。注水經云江水又北，左得黄律口，漢書所謂烏江亭長檥船以待項羽，卽此也。史記項羽本紀「項王乃欲東渡烏江」正義引。

安州

安陸縣

安州安陸縣城，本春秋時鄖國城。史記楚世家「王走鄖」正義引。

横尾山，古陪尾山也，在安州安陸縣北六十里。史記夏本紀「至于負尾」正義引。

雲夢澤在安州安陸縣東南五十里。史記楚世家「昭王亡也至雲夢」補正義引。

黄州

黄岡縣

西陵故城在黄州黄（山）〔岡縣〕西二里。史記楚世家「秦將白起拔我西陵」正義引。按元和郡縣志云「黄岡縣本漢西陵縣地，故城在縣西二里」。此「山」字衍，脱「岡縣」二字，據增。

故邾城在黄州黄岡縣東南一百二十一里。邾子曹姓，陸終氏之子會人之後。邾狹居魯，至隱公徙蘄，蘄今（徐）〔譙〕州縣也。後又〔徙滕〕，今滕縣是。又徙鄒。魯穆公改邾作鄒，地理志云鄒縣，故邾國，曹姓，二十九代爲楚所滅。史記陳杞世家滕薛騶補正義引。按蘄縣，括地志屬譙州，今改。此引「後又」下缺二字，今據通志氏族略補「徙滕」二字。漢書地理志魯國蕃縣，應劭云「邾國也」。唐滕縣卽漢蕃縣。

故邾城在黄州黄岡縣東南〔百〕二十里，本春秋時邾國。邾子曹姓，狹居〔魯〕，〔至〕隱公徙蘄。史記項羽本紀「故立芮爲衡山王都邾」正義引。又史記楚世家「五日曹姓」正義引作「故邾國在黄州黄岡縣東南百二十一里。史記云邾子曹姓也」。按項羽本紀正義引有脱字，依陳杞世家補正義引增。

秦州

上邽縣

秦州古西戎之地。秦始封之邑，秦州上邽縣西南九十里是也。詩地理考卷二秦引。

秦州上邽縣西南九十里漢隴西西縣是也。史記秦本紀「爲西垂大夫」正義引。又史記絳侯周勃世家「破西丞」正義引作「西縣故城在秦州上邽縣西南九十里，本漢西縣地」。

秦嶺縣

緜諸城〔在〕秦州秦嶺縣北五十六里。漢緜諸道屬天水郡。史記匈奴列傳「有緜諸緄戎翟貌之戎」正義引，又通鑑卷六秦始皇紀「有緜諸緄戎翟貕之戎」注引。按通鑑注引不脱「在」字。

清水縣

秦州清水縣本名秦，嬴姓邑。漢清水縣屬天水郡。通鑑地理通釋卷四秦都引。

秦州清水縣本名秦，嬴姓邑。十三州志秦亭，秦谷是也。周太史儋云：「始周與秦國合而別」，故天子邑之秦。史記秦本紀「邑之秦」正義引。

成紀縣

成紀漢縣，在秦州成紀縣北二里。史記孝文本紀「黄龍見成紀」補正義引。

上祿縣

隴右成州、武州皆白馬氐，其豪族楊氏居成州仇池山上。史記西南夷列傳「白馬最大」正義引。

成州

雞頭山在成州上禄縣東北二十里，在京西南九百六十里。酈元云蓋大隴山之異名也。

後漢書隗囂傳云「王莽塞雞頭」，即此也。史記秦始皇本紀「出雞頭山」正義引。

同谷縣

成州同谷縣，本漢下辯道。史記曹相國世家「初攻下辯故道」正義引。

渭州

襄武縣

獂道故城在渭州襄武縣東南三十七里，古之獂戎邑。漢獂道屬天水郡。史記匈奴列傳「翟獂之戎」正義引。

渭源縣

渭水源出渭州渭源縣西七十六里鳥鼠山，今名青雀山。渭有三源，並出鳥鼠山，東流入河。史記夏本紀「涇屬渭汭」正義引。

鳥鼠山，今名青雀山，在渭州渭源縣西七十六里。山海經云鳥鼠同穴之山，渭水出焉。

郭璞注云：「今在隴西首陽縣西南。山有鳥鼠同穴。鳥名鵌。鼠名鼵，如人家鼠而短尾。鵌似鵽而小，黄黑色。穴入地三四尺，鼠在内，鳥在外。」史記夏本紀「道渭自鳥鼠同穴」正義引。

蘭州

金城縣

故子城在（渭）〔蘭〕州（華）〔金〕城縣東北八十里，蓋子姓之别邑。史記殷本紀「賜姓子氏」正義引。按唐渭州無華城縣，此「渭」當作「蘭」，「華」爲「金」之誤，應是蘭州金城縣。漢金城縣，西魏改名子城縣，卽以子城爲名，至隋復名金城。

河州

枹罕縣

河州在京西一千四百七十二里。史記夏本紀「浮于積石」正義引。

積石山今名小積石，在河州枹罕縣西七里。史記夏本紀「浮于積石」正義引。

岷州

溢樂縣

隴右岷、洮、叢等州以西，羌也。史記周本紀「及庸蜀羌髳」正義引，又詩地理考卷五氐羌引。

秦隴西臨洮縣即今岷州城。本秦長城，首起岷州西十二里，延袤萬餘里，東入遼水。史記匈奴列傳「起臨洮至遼東萬餘里」正義引。

岷山在岷州溢樂縣南一里，連綿至蜀二千里，皆名岷山。史記夏本紀「汶嶓既藝」正義引。

江水源出岷州南岷山，南流至益州，卽東南流入蜀，至瀘州東流，經三峽，過荆州，與漢水合。孫卿子云江水其源可以濫觴也。史記夏本紀「江漢朝宗于海」正義引。

洮州

臨潭縣

洮州在隴右，去京千五百五十一里。史記秦始皇本紀「遷其民於臨洮」正義。

臨洮郡卽今洮州，亦古西羌之地，在京西一千五百五十一里。史記秦始皇本紀「西至臨洮羌中」正義引。

羌中，從臨洮西南芳州、扶〔州〕、松府以西，並古諸羌地也。史記秦始皇本紀「西至臨洮羌中」正義引。按「扶」下脱「州」字。唐芳州、扶州、松州，括地志均屬隴右道。

西傾山，今嵹臺山，在洮州臨潭縣西南三百三十六里。史記夏本紀「西傾因桓是來」正義引。

涼州

姑臧縣

涼、甘、肅、(延)〔瓜〕、沙等州地，本月氏國。史記匈奴列傳「東胡彊而月氏盛」正義引。又史記大宛列傳「皆言匈奴破月氏王」正義作「涼、甘、肅、瓜、沙等州，本月氏國之地」。按唐涼州治姑臧，今甘肅武威縣。甘州治張掖，今甘肅張掖縣。肅州治酒泉，今甘肅酒泉縣。沙州治敦煌，今甘肅敦煌縣。瓜州治晉昌，今甘肅安西縣。古月氏所居，蓋在今甘肅嘉峪關以東，祁連山以北地區。匈奴列傳正義引括地志「延」字誤，當依大宛列傳正義作「瓜」。若延州則在今陝北，非古月氏之地。

都野澤在涼州姑臧縣東北二百八十里。史記夏本紀「至于都野」正義引。

肅州

酒泉縣

崑崙山在肅州酒泉縣南八十里。十六國春秋云後魏昭成帝建國十年〔前〕涼張駿酒泉太守馬岌上言：「酒泉南山卽崑崙之體，周穆王見西王母，樂而忘歸，卽謂此山。有石室、王母堂，珠璣鏤飾，煥若神宮。」史記司馬相如傳「西望崑崙」正義引。又史記秦本紀「樂而忘歸」正義引無「後魏昭成帝建國十年」九字，作「前涼張駿」，「體」作「丘」，餘同。按「前」字從秦本紀正義引增。

福祿縣

空桐山在肅州福禄縣東南六十里。抱朴子内篇云「黄帝西見中黄子，受九品之方，過空桐，從廣成子受自然之經」，卽此山。史記五帝本紀「西至于空桐」正義引。又史記趙世家「其後娶空同氏」正義引作「空桐山在肅州福禄縣東南六十里，古西戎地」。

甘州

甘州在京西北二千四百六十里。史記李將軍列傳「過居延」正義引，又通鑑卷二十一漢武帝紀「築居延澤上」注引。

張掖縣

漢居延縣故城在甘州張掖縣東北一千五百三十里。有漢遮虜鄣，彊弩都尉路博德之所築。李陵敗，與士衆期至遮虜鄣，卽此也。長老傳云鄣北百八十里，直居延之西北，是李陵戰地也。史記匈奴列傳「築居延澤上」正義引。

居延海在甘州張掖縣東北〔千〕六十四里。地理志云居延澤，古文以爲流沙。史記李將軍列傳「過居延」正義引。又史記五帝本紀「西至于流沙」正義引無「地理志」以下文。作「千六十四里」。按李將軍列傳正義引脱「千」字，五帝本紀正義引有。元和郡縣志説「居延海在張掖縣東北一千六百里」，疑括地志亦是，此「十四」兩字或「百」字之爛文。

祁連山在甘州張掖縣西南二百里。史記李將軍列傳「祁連天山」正義引。

合黎水一名羌谷水，一名鮮水，一名覆表水，今名副投河，亦名張掖河，南自吐谷渾界流入甘州張掖縣。史記夏本紀「弱水至於合黎」正義引。

弱水在甘州張掖縣南山下。史記司馬相如列傳「而浮弱水兮」正義引。

瀚海在流沙大磧西北數百里，東南去長安五千三百里。秦築長城經此海南。大藏音義卷二十引。

删丹縣

蘭門山一名合黎〔山〕，一名窮石山，在甘州删丹縣西南七十里。淮南子云弱水源出窮石山。史記夏本紀「弱水至於合黎」正義引。按方輿紀要卷六十三丹州衛合黎山引括地志有「山」字，今據補。

删丹西河名(云)弱水，禹貢崑崙在臨羌之西，卽此明矣。史記司馬相如列傳「西望崑崙」正義引。按「云」字衍，今删。

焉支山一名删丹山，在甘州删丹縣東南五十里。西河故事云：「匈奴失祁連、焉支二山，乃歌曰：『亡我祁連山，使我六畜不蕃息；失我焉支山，使我婦女無顏色。』其慜惜乃如此。」史記匈奴列傳「出隴西過焉支山千餘里」正義引。

沙州

墩煌縣

三危山有三峯，故曰三危，俗亦名卑羽山，在沙州燉煌縣東南三十里。史記五帝本紀「遷三苗於三危」正義引。又史記夏本紀「至于三危」正義引作「三危山在沙州敦煌縣東南四十里」。

壽昌縣

沙州龍勒山在〔壽昌〕縣南百六十五里。史記大宛列傳「列亭障至玉門」正義引。按元和郡縣志沙州壽昌縣云「龍勒水在縣南百八十里龍勒山上」，此「縣」字上當有「壽昌」二字。

玉門〔故〕關在〔壽昌〕縣西北百一十八里。史記大宛列傳「列亭障至玉門」正義引。按元和郡縣志作「玉門故關」，此卽漢書地理志敦煌郡龍勒縣的玉門關，今據增「故」字。「縣」上脱縣名。

（玉門）〔陽〕關在沙州壽昌縣西六里。史記大宛列傳「其水東流注鹽澤」正義引。按「玉門」二字衍，脱「陽」字。宋歐陽忞輿地廣記卷三十云「陽關在壽昌縣西六里」，與括地志合，今據改。

蒲昌海一名泑澤，一名鹽澤，亦名輔日海，亦名（穿）〔牢〕蘭〔海〕，亦名臨海，在沙州西南。史記大宛列傳「其水東流注鹽澤」正義引。按「穿」爲「牢」字之誤，又脱「海」字，據水經河水注增改。牢蘭卽樓蘭，其地爲古樓蘭國，故以名此澤爲牢蘭。

伊州

伊吾縣

伊州在京西北四千四百一十六里。史記李將軍列傳「擊匈奴右賢王於祁連天山」正義引。

天山一名白山，今名初羅漫山，在伊州伊吾縣北百二十里。史記李將軍列傳「擊匈奴右賢王於祁連天山」正義引，又通鑑卷二十一漢武帝紀「祁連天山」注引。

黑水源出伊州伊吾縣北二十里，又南流二十里而絶。史記夏本紀「道黑水至于三危」正義引。

文州

曲水縣

白馬水源出文州曲水縣西南，會經孫山下。史記樊酈滕灌列傳「别擊西丞白水北」正義引。

潭州

長沙縣

潭州長沙縣，本漢臨湘縣，長沙王吴芮都之。史記高祖本紀「徙衡山王吴芮爲長沙王都臨湘」正義引。

吴芮故城在潭州長沙縣東南三百（里）〔步〕。史記屈原賈生列傳「賈生爲長沙王太傅」正義引。按水經湘水注「臨湘縣故城，漢高祖五年以封吴芮爲長沙王，是城卽芮築也。」吴芮城卽臨湘縣城，方輿紀要卷八十長沙府長沙縣説漢臨湘城卽今長沙縣城。此引「里」字當是「步」字之誤。

吴芮墓在長沙縣北四里。史記高祖本紀「徙衡山王吴芮爲長沙王都臨湘」正義引。

賈誼宅在縣南三十步。湘水記云：「誼宅中有一井，誼所穿，極小而深，上斂下大，其狀如壺。傍有一局脚石牀，容一人坐，形流古制，相承云誼所坐。」史記屈原賈生列傳「賈生爲長沙王太傅」正義引。

長沙，今潭州也。十三州志云有萬里沙祠，而西自湘州至東萊萬里，故曰長沙也。史記貨殖列傳「豫章長沙」正義。

江州

潯陽縣

江州潯陽縣有黄金山，山出金。史記貨殖列傳「豫章出黄金」正義引。

彭蠡湖在江州潯陽縣東南五十二里。史記夏本紀「彭蠡既都」正義引、史記五帝本紀「三苗」正義。

禹貢三江俱會於彭蠡，合爲一江，入於海。史記夏本紀「東爲中江入于海」正義引。

涪州

永安縣

陽關，今涪州永安縣治陽關城也。玉海卷十「楚扞關」引。

寡婦清臺山，俗名貞女山，在涪州永安縣東北七十里。史記貨殖列傳「巴蜀寡婦清」正義引。

鄂州

武昌縣

武昌縣，鄂王舊都。今鄂王神卽熊渠子之神也。史記楚世家「中子紅爲鄂王」正義引。

蒲圻縣

鄂州蒲圻縣有赤壁山，卽曹公敗處。通典卷一百八十三引魏王地志，又太平寰宇記卷一百一十三引括地志。

潤州

丹徒縣

丹徒故城在潤州丹徒縣東南十八里，漢丹徒縣也。晉太康地理志云吳王濞反，走丹徒，越人殺之於此城南。徐州記云秦使赭衣鑿其地，因謂之丹徒。鑿處今在故縣西北六里丹徒峴，東南連亘，盤紆屈曲，有象龍形，故秦鑿絶頂，闊百餘步，又夾阬龍首，以毁其形。阬之所在，卽今龍、月二湖，悉成田也。史記絳侯周勃世家「保於江南丹徒」正義引。

漢吴王濞冢在潤州丹徒縣東練壁聚北，今入于江。吴録云丹徒有吴王冢，在縣北，其處名爲相唐。史記吴王濞列傳「卽使人鏦殺吴王」正義引。

江寧縣

丹陽（郡）故城在潤州江寧縣東南五〔十〕里，秦兼并天下以爲鄣郡也。史記秦始皇本紀「過丹陽」正義引，又通鑑卷七秦始皇本紀「過丹陽」注引。按丹陽秦、漢縣，非郡，正義引衍「郡」字，通鑑注引無，今據删。「五」下脱「十」字，據太平寰宇記增。今南京市東南五十里接安徽當塗縣界小丹陽鎮卽是。

慈姥山積石臨江，岸壁峻絶。山上出竹，堪爲簫管，屬樂府，名爲鼓吹山，今並芊茸頭細不任。太平寰宇記卷九十昇州江寧縣引。

句容縣

江乘故縣在潤州句容縣北六十里，本秦舊縣也。通鑑卷七秦始皇紀「從江乘度」注引，又史記秦始皇本紀「還過吴從江乘度」正義。

銅山，今宣州及潤州句容縣有，並屬鄣也。史記吴王濞列傳「吴有豫章郡銅山」正義引。

岳州

巴陵縣

湘山一名艑山，在岳州巴陵縣南十八里。史記五帝本紀「登熊湘」正義引。

君山一名洞庭山。酒香山在君山上。湘水記云：「君山上有美酒，飲者不死。武帝遣欒巴求得之，未進御，東方朔竊飲。帝怒，欲殺之，對曰：『使酒有驗，殺臣不死；無驗，安用酒爲。』帝笑而釋之。相傳每春時往往聞酒香，尋之莫見其處。」事類賦注卷七引。

巴丘湖中有曹由洲，曹公爲孫權所敗燒船處。通典卷一百八十三引地志，又太平寰宇記卷一百一十三引括地志。

洞庭湖在岳州巴陵縣西南一里，南與青草湖相連。史記五帝本紀「三苗」正義。

湘陰縣

黄陵廟在岳州湘陰縣北五十七里，舜二妃之神。史記秦始皇本紀「浮江至湘山祠」正義引。

二妃冢在湘陰〔縣〕北一百六十里青草山上。盛宏之荆州記云青草湖南有青草山，湖因山名焉。列女傳云舜陟方，死於蒼梧。二妃死于江、湘之間，因葬焉。史記秦始皇本紀「浮江至湘山祠」正義引，又通鑑卷七秦始皇紀「聞之堯女舜妻葬此」注引。

故羅縣城在岳州湘陰縣東北六十里，春秋時羅子國，秦置長沙郡而爲縣也。按：縣北有汨水及屈原廟。史記屈原賈生列傳「自沉汨羅以死」正義。

常州

無錫縣

梅里在常州無錫縣東南六十里。史記吴太伯世家「吴太伯」正義。

饒州

鄱陽縣

饒州鄱陽縣，春秋時爲楚東境，秦爲番縣屬九江郡，漢爲鄱陽縣。史記楚世家「吴復伐楚取番」正義引。

英布冢在饒州鄱陽縣北百五十二里十五步。史記黥布列傳「遂滅黥布」正義。

虔州

虔化縣

梅嶺在〔虔州〕虔化縣東北百二十八里。史記東越列傳「令諸校屯豫章梅嶺待命」正義引，又通鑑卷二十漢武帝紀「屯豫章梅嶺以待命」注引。按通鑑注引有「虔州」二字。

衡州

臨蒸縣

臨蒸縣東北一百四十里有茶山、茶溪。太平御覽卷八百六十七引括地圖，又輿地紀勝卷五十五引括地志。

湘潭縣

衡山一名岣嶁山，在衡州湘潭縣西四十一里。史記秦始皇本紀「乃西渡淮水之衡山」正義引。又史記夏本紀「汶山之陽至于衡山」正義引無「一名岣嶁山」五字。

道州

營道縣

鼻亭神在營道縣北六十里。故老傳云舜葬九嶷，象來至此，後人立祠，名爲鼻亭神。輿地志云零陵郡應陽縣東有山，山有象廟。王隱晉書云本泉陵縣北部，東五里有鼻墟，象所封也。史記五帝本紀「封弟象爲諸侯」正義引。

唐興縣

九嶷山在(永)〔道〕州唐興縣東南一百里。皇覽冢墓記云舜冢在零陵郡營浦縣九嶷山。史記秦始皇本紀「望祀虞舜于九嶷山」正義引。又通鑑卷七秦始皇紀「望祀虞舜於九嶷山」注引無「皇覽」以下文，有「其山九峯相似故名」句。按「永」當作「道」，太史公自序「闚九嶷」正義云「九嶷山在道州」是。

越州

會稽縣

檝山在越州會稽縣西北三里，一名稷山。史記外戚世家「而薄父死山陰」正義引。

會稽山一名衡山，在越州會稽縣東南一十二里。史記封禪書「禹封泰山禪會稽」正義引。

石箐山一名玉笥山，又名宛委山，卽會稽山一峯也，在會稽縣東南十八里。吳越春秋云：「禹案黃帝中經九山，東南天柱，號曰宛委，赤帝左闕之填，承以文玉，覆以盤石，其書金簡青玉爲字，編以白銀，皆瑑其文。禹乃東巡，登衡山，血白馬以祭。禹乃登山，仰天而笑，忽然而卧，夢見繡衣男子自稱玄夷倉水使者，郤倚覆釜之山，東顧謂禹曰：『欲得我山神書者，齊於黃帝之岳，岩嶽之下，三月季庚，登山發石。』禹乃登宛委之山，發石，乃得金簡玉字，以水泉之脈。山中又有一穴，深不見底，謂之禹穴。史遷云『上會稽，探禹穴』，卽此穴也。」史記太史公自序「上會稽探禹穴」正義引。

禹陵在越州會稽縣南十三里，廟在縣東南十一里。史記夏本紀「計功而崩」正義引。

餘姚縣

越州餘姚縣有歷山舜井，濮州雷澤縣有歷山舜井，二所又有姚墟，云生舜處也。及嬀州歷山舜井，皆云舜所耕處，未詳也。史記五帝本紀「舜耕歷山」正義引。

越州餘姚縣，顧野王云舜後支庶所封之地。舜姚姓，故云餘姚。縣西七十里有漢上虞故縣。會稽舊記云舜上虞人，去虞三十里有姚丘，卽舜所生也。周處風土記云舜東夷之人，生姚丘。史記五帝本紀「虞舜者」正義引。

鄮縣

徐城在越州鄮縣東南入海二百里。夏侯志云翁洲上有徐偃王城。傳云昔周穆王巡狩，諸侯共尊偃王，穆王聞之，令造父御，乘騕褭之馬，日行千里，自還討之。或云命楚王帥師伐之，偃王乃於此處立城以終。史記秦本紀「徐偃王作亂」正義引。

杭州

錢塘縣

杭州，周顯王四十六年，楚伐越，大敗其王無彊，盡取其地，至於浙江之北，故復入楚。太平寰宇記卷九十三杭州引。

湖州

烏程縣

銅山在烏程縣東三十里，吳採鄣山之銅卽此也。太平寰宇記卷九十四湖州烏程縣引。

何口山在烏程縣南十里，山下當何山等路。昔曰何山，亦曰金蓋山，晉何楷居之修儒業，楷後爲吳興太守，改金蓋爲何山。山口有火山曰金口山，今曰何口山。太平寰宇記卷九十四湖州烏程縣引。

烏程東北有孫皓爲烏程侯時井一所，口圓徑一丈六尺。太平寰宇記卷九十四湖州烏程縣引。

黃浦亦名庚浦，蓋康浦也，以其左右有上康、下康村，晉殷康爲太守，百姓避其名，因更康爲庚也。太平寰宇記卷九十四湖州烏程縣引。

長城縣

秦置鄣郡在湖州長城縣西南八十里，鄣郡故城是也。漢改爲丹陽郡，徙郡宛陵，今宣州地也。史記貨殖列傳「江南豫章長沙」正義。

秦兼天下以爲鄣郡，今湖州長城縣西南八十里故(章)〔鄣〕城是也。史記吳王濞列傳「吳有豫章郡銅山」正義引。按「章」誤，當作「鄣」，依貨殖列傳正義改。

長興縣

西顧山一名吳望山，在長興縣北四十九里，高千丈。山墟名云西顧山，昔吳王闔廬登姑蘇，望五湖，顧見此山，因名之。太平寰宇記卷九十四湖州長興縣引。

湖陵山在縣北一十五里，高四百五十丈。山墟名云藝香山，昔西施種香之所。太平寰宇記卷九十四湖州長興縣引。

夏駕山一名石鼓山，在長興縣南三十六里，高九百丈。石鼓作金鼓鳴，亦爲零陵郡石鼓之類。太平寰宇記卷九十四湖州長興縣引。

安吉縣

五山有五峯。昔村人姚紾嘗於此採樵，忽遇仙人。及還家，因入甕中隱身，謂家人云：「可七日勿開。」日限未至，家人開之，紾變爲白鶴，飛向五山。吳興記云五山亦名奕山也。太平寰宇記卷九十四湖州安吉縣引。又輿地紀勝卷四引作「五峯山，仙人姚紾所居。陳虞寄報恩寺碑云四鶴齊飛，五峯相映」。

南嶼山一名白水山，山上有湖，其水色白，因以名之。太平寰宇記卷九十四湖州安吉縣引。

蘇州

吳縣

大伯家在吳縣北五十里無錫縣界西梅里鴻山上，去太伯所居城十里。史記吳太伯世家「太伯卒」補正義引，又吳郡志卷三十九引。

太伯奔吳所居城，在蘇州北五十里常州無錫縣界梅里村，其城及家見存。史記周本紀「二人乃亡如荆蠻」正義。

笠澤江松江之別名，在蘇州南三十五里。又云笠澤卽太湖。史記吴太伯世家「伐敗吴師於笠澤」補正義引。

〔干隧〕在蘇州吴縣西北四十餘里萬安山西南一里太湖。史記蘇秦列傳「禽夫差於干隧」正義。按依史文補出「干隧」二字

辰州

沅陵縣

黔中故城在辰州沅陵縣西二十里。史記秦本紀「取巫郡及江南爲黔中郡」正義引，又通鑑地理通釋卷十黔中引，又通鑑卷四周赧王紀「初置黔中郡」注引。

盧溪縣

辰州盧溪縣西南三百五十里有包茅山。武(陽)〔陵〕記云山際出包茅，有刺而三脊，因名包茅山。史記夏本紀「包匭菁茅」正義引，又史記封禪書「一茅三脊」補正義引。按「陽」當作「陵」，封禪書補正義

引不誤，太平寰宇記亦引武陵記說。

溆浦縣

辰州溆浦縣西北三百五十里無時山，彼蠻俗當吉慶之時，親族會集歌舞於此山。山多茶樹。輿地紀勝卷七十五引坤元錄。

建州

建安縣

閩中越地，即古東甌，今建州亦其地。皆蛇種，有五姓，謂林、黄等是其裔。太平御覽卷一百七十引坤元錄。

邵武縣

邵武有庸嶺，一名烏頭嶺，北隰中有大蛇長七八丈，爲患，都尉長吏多致死者。巫言啖童女，其都尉令長遂估賃人家婢子養之，八月祭送蛇穴，已九女矣。將樂縣李誕有六女無男，小女名奇，及受僱，應之，責買好劍，仍作數石米飡，用蜜灌之，以置穴口。蛇夜出，目如三尺鏡。奇放犬咋蛇，奇從後以劍斫之，蛇踴出，至庭而死。太平寰宇記卷一百一邵武軍邵武引坤元録。又太平御覽卷四十七引坤元録作「邵武北有庸嶺，一名烏嶺，北隰中有大蛇，爲將樂令李誕女所殺者。」

建陽縣

建陽縣上百餘里有仙人葬山，亦神仙所居之地。太平御覽卷四十七引坤元録。太平寰宇記卷一百一建州建陽縣引此條云出神異録。

武夷山在建陽縣北一百二十八里。蕭子開建安記云「武夷山在其高悉紅紫二色，望之若朝霞。有石壁峭拔數百仞於烟嵐之中，其間有木碓、磨、簸箕、籮、箸什器等物，靡不有之，顧野王謂之地仙之宅。半巖有懸棺數千。傳云昔有神人武夷君居此，故得名。太平寰宇記卷一百一建州建安縣引坤元録。

武夷山澗東一巖上有雞棲。太平御覽卷四十七引坤元録。

西域

率都沙那國亦名蘇對沙那國，本漢大宛國。史記大宛列傳「大宛之跡」正義引。

康居國在京西一萬六百里，其西北可二千里有奄蔡（酒）國也。史記大宛列傳「爲發導繹抵康居」正義引。按漢書西域傳云「康居西北可二千里有奄蔡國」，即括地志所本，「酒」字衍，今據刪。

安息國〔在〕京西萬一千二百里。自（西）〔陽〕關西行三千四百里至阿蠻國，西行三千六百里至斯賓國，從斯賓南行度河，又西南行至于羅國九百六十里，安息西界極矣。自此南乘海乃通大秦國。漢書云：「北康居，東烏弋山離，西條支。國臨嬀水。土著。以銀爲錢，如其王面，王死輒更錢，效王面焉。」史記大宛列傳「安息」正義引。按此括地志文，各本史記正義俱誤作地理志，漢志無此文。「西」當作「陽」，漢至唐通西域諸國皆自陽關出。

䟦禄迦國出細好白氎，上細毛罽，爲鄰國中華所重，時人號爲「末禄氎」，其實毛布也。大藏音義卷八十二引。

天竺一名身毒，在月氏東南數千里，俗與月氏同，而卑溼暑熱。其國臨大水。乘象以戰。其民弱於月氏。修浮圖道，不殺伐，遂以成俗。土有象、犀、瑇瑁、金、銀、鐵、錫、鉛。西與大秦通，有大秦珍物。明帝夢金人長大，頂有光明，以問羣臣。或曰「西方有神，名曰佛，其形長丈六尺而金黃色」。帝於是遣使天竺問佛道法，遂至中國，畫形像焉。萬震南州志云：「地方三萬里，佛道所出。其國王居城郭，殿皆彫文刻鏤。街曲市里，各有行列。左右諸大國凡十六，皆供奉之，以天地之中也。」浮圖經云：「臨兒國王生隱屠太子。父曰屠頭邪，母曰莫邪屠。身色黃，髮如青絲，乳有青色，爪赤如銅。始莫邪〔屠〕夢白象而孕，及生，從母右脅出。生有髮，墮地能行七步。太子生時，有二龍王夾左右吐水，一龍水暖，一龍水冷，遂成二池，今猶一冷一暖。初行七步處，琉璃上有太子脚跡見在。生處名祇洹精舍，在舍衞國南四里，是長者須達所起。又有阿輸迦樹，是夫人所攀生太子樹也。」史記大宛列傳「其東南身毒國」正義。按據上文增「屠」字。

沙祇大國卽舍衞國也，在月氏南萬里，卽波斯匿王治處。此國共九十種，知身後事。城有祇樹給孤園。史記大宛列傳「身毒國」正義引。

天竺國有東、西、南、北、中央天竺國，國方三萬里，去月氏七千里。大國隸屬凡二十一。天竺在崑崙山南，大國也，治城臨恆水。史記大宛列傳「身毒國」正義引。

南蠻北接氐羌，西過蠻界卽入土番南界，越數重高山峻嶺，涉歷川谷，凡經三數千里，過土番界，度雪山南脚卽入東天竺，東南界迦摩縷波國，其次近南三摩怛吒國、呵利雞羅國及耽摩立底國。此山路與天竺至近，險阻難行，是大唐與五天陸路之捷徑也。仍須及時，盛夏熱瘴毒蟲不可行履，過者難以全生；秋多風雨水泛，又不可行；冬雖無毒，積雪沍寒，又難登陟；惟有一、二、三月乃是過時，仍須譯解數種蠻夷語言，兼齎買道之貨，仗土人引道，展轉問津，卽必得達。大藏音義卷八十一引。

阿耨達山亦名建末達山，亦名崑崙山。水出，一名拔扈利水，一名恆迦河，卽經稱恆河者也。自崑崙山以南，多是平地而下溼。土肥良，多種稻，歲四熟，留役駞馬，米粒亦極大。史記大宛列傳「身毒國」正義引。

阿耨達山亦名建末達山，亦名崑崙山。恆河出其南吐獅子口，經天竺入達山。嬀水今名爲滸海，出於崑崙西北隅吐馬口，經安息、大夏國入西海。黄河出東北隅吐牛口，東經（濫）〔泑〕澤，潛出大積石山，至華山北，東入海。其三河去入海各三萬里。此謂大崑崙，肅州謂小崑崙也。禹本紀云河出崑崙二千五百餘里，日月所相隱避爲光明也。史記司馬相如傳「西望崑崙」正義引。按「濫」當作「泑」，據水經河水注改。

阿耨達山一名崑崙山，其山爲天柱，在雍州西南一萬五千三百七十里。史記司馬相如傳「經營炎火而浮弱水兮」正義引。

弱水有二源，俱出女國北阿耨達山，南流會于〔女〕國（北又南歷國北）東，去〔國〕一里，深丈餘，闊六十步，非（乘）〔毛〕舟不可濟，〔南〕流入海。史記司馬相如列傳「經營炎火而浮弱水兮」正義引。按此引有錯脱，不可通，依大宛列傳「條支有弱水」正義補正。

佛上忉利天，爲母説法九十日。波斯匿王思欲見佛，卽刻牛頭旃檀象，置精舍内佛坐。此像是衆像之始，後人所法也。佛上天青梯，今變爲石，没入地，唯餘十二蹬，蹬間二尺餘。

彼耆老言，梯入地盡，佛法滅。史記大宛列傳「身毒國」正義引。

王舍國，胡語曰罪悅祇國。其國靈鷲山，胡語曰耆闍崛山。山是青石，石頭似鷲。鳥名耆闍，鷲也。崛，山石也。山周四十里，外周圍水，佛於此坐禪，及諸阿難等俱在此坐。史記大宛列傳「身毒國」正義引。

小孤石，石上有石室者，佛坐其中，天帝釋以四十二事問佛，佛一一以指畫石，其跡尚存。又於山上起塔，佛昔將阿難在此上山四望，見福田疆畔，因制七條衣割截之法於此，今袈裟衣是也。史記大宛列傳「身毒國」正義引。

葱嶺山在京西九千八百六十里，葱茂於常，故曰葱嶺。其山東至于窴，西踰罽賓。史記司馬相如列傳「奄息總極」補正義引。

火山國在扶（風）南東大湖海中。其國中山皆火，然火中有白鼠皮及樹皮，績爲火浣布。魏略云大秦在安息、條支西大海之西，故俗謂之海西〔國〕。從安息界乘船直載海西，遇風利時三月到，風遲或一二歲。其公私宫室爲重屋，郵驛亭置如中國。從安息繞海北陸到其國，人民相屬，十里一亭，三十里一置。無盜賊。其俗人長大平正，似中國人而胡服。（宋膺）〔朱應〕異物志云〔大〕秦之北附庸小邑，有羊羔自然生於土中，候其欲萌，築牆繞之，恐獸所食。其臍與地連，割絶則死。擊物驚之，乃驚鳴，臍遂絶，則逐水草爲羣。又大秦金二枚，皆大如瓜，植之滋息無極，觀之如用則真金也。史記大宛列傳「奄蔡黎軒」正義引。按「風」字衍。據漢書西域傳增「國」字。隋書經籍志有扶南異物志一卷，朱應撰，舊唐書經籍志同，此誤爲「宋膺」，今據改。「秦」上脱「大」字，據下文增。

焦僥在大秦國南。史記孔子世家「焦僥氏」正義引。

小人國在大秦南，人纔三尺。其耕稼之時，懼鶴所食，大秦衞助之。史記大宛列傳「奄蔡黎軒」正義引。

火林山生不燼之木。其山晝夜大火常然，猛風不盛，暴雨不滅。其木皮花皆堪績布，而皮布粗，花布細。又有火浣獸，其形似鼠，可重百斤，毛長三四寸，色白，細如絲，常居火中，烱赤如火。時時出外，人以水逐而沃之，得水卽死。取其毛績以爲布，經有垢汙，若以灰水洗終日仍舊；若置於火中燒之，與火同赤，出而振之，塵去潔白如新，因名火浣。大藏音義卷十五引。

北狄

鐵勒國，匈奴冒頓之後，在突厥國北。樂勝州經秦長城、太羲長路正北，經沙磧，十三日行至其國。史記匈奴列傳「右方直酒泉張掖郡」正義引。

靺鞨國，古肅愼也，在京東北萬里以下，東及北各抵大海。其國南有白山，鳥獸草木皆白。其人處山林間，土氣極寒，常爲穴居，以深爲貴，至接九梯。養豕，食肉，衣其皮，冬以豬膏塗身，厚數分，以禦風寒。貴臭穢不潔，作厠於中，圜之而居。多勇力，善射。弓長四尺，如弩，矢用楛，長一尺八寸，青石爲鏃。葬則交木作椁，殺豬積椁上，富者至數百，貧者數十，以爲死人之糧。以土上覆之，以繩繫於椁，頭出土上，以酒灌酹，繩腐而止，無四時祭祀也。 史記夏本紀「島夷皮服」正義引。

靺鞨國，古肅愼也，亦曰挹婁，在京東北八千四百里，南去扶餘千五百里，東及北各抵大海也。 史記司馬相如列傳「邪與肅愼爲鄰」正義引。

東夷

朝鮮、高驪、〔穢〕貊、東沃沮、〔夫餘〕五國之地，國東西千三百里，南北二千里，在京師東。東至大海四百里，北至營州界九百二十里，南至新羅國六百里，北至靺鞨國千四百里。 史記朝鮮列傳「眞番臨屯皆來服屬方數千里」正義引。按此引有脫文，與「五國之地」不相應，今據後漢書東夷傳補「穢」、「夫餘」三字。

高驪治平壤城，本漢樂浪郡王儉城，卽古朝鮮也。 史記秦始皇本紀「地東至海暨朝鮮」正義引，又史記朝鮮列傳「朝鮮王滿者」正義引，又玉海卷十朝鮮引。

穢貊在高麗南，新羅北，東至大海，西史記留侯世家「東見倉海君」正義引。按「西」下有脱文，未詳。

亶洲在東海中，秦始皇使徐福將童男女入海求仙人，止在此洲，共數萬家，至今洲上人有至會稽市易者。吳人外國圖云亶洲去琅邪萬里。史記秦始皇本紀「入海求仙人」正義引。又史記淮南衡山列傳「徐福得平原廣澤」正義引作「亶州在東海中，秦始皇遣徐福將童男女，遂止此州，其後復有數洲萬家，其上人有至會稽市易者。」

百濟國西南渤海中，有大島十五所，皆邑落，有人居，屬百濟。史記夏本紀「島夷卉服」正義引。又史記五帝本紀「島夷」正義引無「渤」字，「皆邑落」作「皆置邑」。

倭國西南大海中，島居凡百餘小國，在京南萬三千五百里。史記五帝本紀「島夷」正義引。

括地志輯校地名索引

一、本索引收録《括地志輯校》中的地名，按四角號碼排列，例如：張良墓3/127，斜綫前面的數字3是卷數，後面的127是頁數。

二、地名有其它稱謂的，今將它稱附注在括號裏，並列爲參見條目。

三、同名異地者，注明其從屬州縣，以資區别。

例如：陽關（在沙州壽昌縣）4/228

陽關（在涪州永安縣）4/231

0010_6 亶

32亶洲 4/252

0020_1 亭

00亭亭山 3/121

0021_1 靡

11靡非 4/209

鹿

26鹿泉縣 2/103

40鹿臺 2/89

0021_3 兖

32兖州 3/117

0021_6 竟

74竟陵故城 4/192

0021_7 盧

31盧江縣 4/215

32盧州 4/214

亢

80亢父 3/123

亢父故城 3/123

嬴

43嬴城 3/120

0022_8 齊

32齊州 3/151

41齊桓公墓 3/140

43齊城 見臨淄縣

0022_7 方

43方城山（在許州葉縣）3/159

方城山（在房州竹山縣）4/203

方城故城 2/105

商

32商州 4/200

37商洛縣 4/201

41商坂（楚山）4/202

市

42市橋江 見郫江

庸

22庸嶺（烏頭嶺）4/244

高

00高廟 1/14

10高平故城 2/80

0023_1 應

0023_2 康

0023_7 庚

0024_2 底

0024_7 慶

廢

0025_2 摩

0026_1 磨

0026_7 唐

0028_6 廣

0029_4 麻

0040_0 文

0040_3 率

0040_6 章

0041_4 離

0071_4 亳

雍

0073$_2$ 衰

褒

襄

0080$_0$ 六

0090$_4$ 槀

0090$_6$ 京

0121$_1$ 龍

0180$_1$ 龔

0240$_4$ 婁

0292$_1$ 新

0460$_0$ 謝

0466$_4$ 諸

0662$_7$ 謁

0710$_4$ 望

0722$_7$ 鄘

0742$_7$ 郫

鶉

22鶉觚縣 3/41

0823_3 於

50於中 4/195

0864_0 許

32許州 3/157
48許故城 3/158
60許田 3/158
　許昌縣 3/157

1010_0 二

22二川原 1/49
24二崤山(嶔岑山)3/116
47二妃冢 4/235

1010_1 三

00三亭岡 3/182
12三水縣 1/40
　三畟亭 3/163
27三危山(卑羽山)4/228
30三良冢 1/35
35三神祠(原過祠) 2/66
64三畤原 1/34
77三門山　見底柱山

正

10正平縣 2/55

1010_3 玉

77玉門故關 4/228
88玉筒山　見石箐山

1010_4 王

30王宫 3/177
　王官故城(在同州澄城縣) 1/30
　王官故城(在蒲州猗氏縣) 1/52
36王澤 2/56
43王城(河南城) 3/167
74王陵故城 4/201
77王屋山 2/81
　王屋縣 2/81
80王舍國(罪悦祇國) 4/249

1010_7 五

22五山 4/242
64五畤 1/34
71五原縣 1/46
77五尺道 4/209
80五父衢 3/119

盂

62盂縣 2/75
　盂縣外城(原仇城、仇猶城) 2/75

1010_8 巫

17巫郡 4/189
22巫山縣 4/189

靈

03靈鷲山(耆闍崛山) 4/248
32靈州 1/45
60靈昌縣 3/130
70靈壁故城 3/128
72靈邱故城 2/72
　靈邱縣 2/72

1016_4 露

40露臺鄉 1/20

1021_1 元

43元城縣 2/84
44元英宫 2/104

1021_4 霍

22霍山縣 4/213
40霍太山 2/66
60霍邑縣 2/61

1022_7 兩

90兩當縣 4/191

鬲

43鬲城(在德州安德縣)

2/95
鬲城(在鄭州密縣)
3/179

1023_0 下

44下杜故城 1/10
46下相故城3/132
55下曲陽 2/101
60下邑縣 3/155

1024_7 覆

50覆表水　見合黎水

夏

00夏亭故城 3/185
32夏州 1/46
46夏駕山(石鼓山)4/241
72夏后皋墓 3/116
76夏陽故城 1/32
77夏屋山(賈屋山、賈母山) 2/69

1032_7 焉

40焉支山(刪丹山)4/227

1040_0 于

60于羅國 4/245

干

78干隧 4/243

1040_9 平

00平高縣 1/44
05平靖關 4/212
26平皋故城 2/78
27平鄉縣 2/91
30平涼縣 1/44
32平州 2/110
平遥縣 2/55
35平津縣 2/98
55平曲縣故城 2/97
60平邑故城 2/85
62平縣城 3/170
71平原故城 2/95
平原縣 2/95
76平陽 2/60
平陽河水(晉水) 2/61
平陽故城(在岐州岐山縣) 1/38
平陽故城(在晉州臨汾縣) 2/60
平陽故城(在相州臨漳縣) 2/83
78平陰故津 3/169
平陰縣 3/144
87平舒城 2/72
平舒故城 1/27
平舒縣 2/97

1043_0 天

00天齊池 3/140
22天山(白山、初羅漫山)
4/229
88天竺(身毒) 4/246

1052_7 霸

21霸上　見霸陵
60霸昌殿 1/9
74霸陵(漢文帝陵、霸上)
1/7

1060_0 石

22石川水　見沮水
27石紐山 4/207
30石濟津　見南津
32石州 2/64
43石城 2/84
石城山 4/211
44石鼓山　見夏駕山
石鼓原　見甘泉山
石艾縣 2/76
60石邑故城 2/103
70石壁谷水　見滈水
77石門　見堯門山
80石鏡縣 4/193
88石箐山(玉笥山、宛委山) 4/238

西

00西廣武 3/175
07西郊故城 1/30

百

1060_1 晉

1060_3 雷

1073_1 云

雲

1080_6 賈

1090_0 不

1090_4 粟

1111_0 北

1118_6 項

頭

1123_2 張

1180_1 冀

1220_0 列

40列女宮　見恒山

1223_0 弘

24弘化縣 1/48

1224_7 發

10發干故城 2/94

1240_1 延

32延州 1/43
35延津（在滑州靈昌縣）3/130
延津（臨津）2/89
40延壽館 1/17

1241_3 飛

01飛龍山　見封龍山
42飛狐口 2/72
飛狐縣 2/72

1243_0 孤

22孤山（都山）2/101
88孤竹故城 2/110

1260_0 副

57副投河　見合黎水

1313_2 琅

77琅邪山 3/137
琅邪臺 3/137
琅邪故城 3/137

1314_0 武

00武鹿門 3/140
10武平亭（渭城）2/97
武平城　見武城
11武彊故城 3/175
14武功城　見斄城
武功縣 1/25
24武德縣 2/78
26武泉故城 2/70
30武安故城 2/89
武安縣 2/89
41武垣縣（瀛州城）2/96
43武城（武平城）1/27
武城（南武城）3/118
武始故城 2/90
50武夷山 4/245
60武昌縣 4/232
武邑縣 2/94
71武陟縣 2/78
77武關 4/201
90武當 4/200

1364_7 酸

50酸棗故城 3/130
酸棗縣 3/130

1468_8 硤

10硤石縣 3/112
32硤州 4/191

1540_0 建

00建章宮 1/12
30建安縣 4/244
32建州 4/244
50建末達山　見阿耨達山
74建陵縣故城 3/166
76建陽縣 4/245

1561_8 醴

26醴泉縣 1/15

1610_4 聖

80聖人窟　見傅險

1640_0 迴

22迴樂縣 1/45

1662_7 碣

10碣石宮 2/104

碭

22碭山縣 3/154

1710_7 孟

35孟津　見盟津
90孟嘗君墓 3/127

1712_0 羽

22羽山 3/166

聊

43聊城 2/93
聊城縣 2/93

1712_7 弱

12弱水(在甘州張掖縣) 4/227
弱水(在西域) 4/248

鄧

32鄧州 4/193
43鄧城(在懷州河陽縣) 2/80
鄧城(在豫州郾城縣) 3/134
鄧城(在襄州安養縣) 4/187

邛

47邛都縣 4/208
55邛僰山 4/206

郹

43郹城縣 3/146

郅

47郅都墓 2/61

瑕

77瑕邱縣 3/117

酈

62酈縣 4/195
80酈食其墓 3/182

鄠

62鄠縣 1/24

1723_2 承

24承休城(梁雀塢) 3/183
62承縣 3/166

豫

32豫州 3/132

1732_7 鄩

12鄩水 見温泉水
43鄩城 3/171

鄢

12鄢水 4/188
43鄢城 4/187
74鄢陵故城 3/160
74鄢陵縣 3/160

1740_7 子

00子産墓 3/179
43子城 4/222
44子楚陵 見秦莊襄王陵

1742_7 邗

43邗城 2/77

邢

32邢州 2/91
60邢國故城 2/91

1750_0 鞏

62鞏縣 3/171

1760_2 召

26召伯廟 3/173
74召陵故城 3/133

1760_7 君

22君山(洞庭山) 4/234

1762_0 司

71司馬遷墓 1/32
78司鹽城 見鹽氏故城

1762_7 邵

00邵亭故城 1/37
13邵武縣 4/244

鄙

43鄙城 3/143

部

43部城 3/138

1777_2 函

80函谷關 3/113

1780_1 翼

43翼城(絳) 2/58
翼城縣 2/57

1863_2 磁

10磁石門(却胡臺) 1/13

1918_0 耿

43耿城(耿倉城) 2/59
80耿倉城 見耿城

2010_4 重

26重泉故城 1/29
77重邱故城 3/162

2023_2 依

43依城 見葛城

2025_2 舜

55舜井(在嬀州懷戎縣) 2/108
舜井(在濮州雷澤縣) 3/147
舜井(在越州餘姚縣) 4/239

2026_1 信

47信都縣 2/94

2033_1 焦

24焦僥 4/250
焦穫(瓠口、瓠中) 1/24
43焦城 3/112

2040_0 千

07千畝原 2/61
20千乘故城 3/152
千乘縣 3/142
60千里隄 見金隄

2041_4 雞

11雞頭山 4/220

2042_7 禹

26禹息城 3/151
74禹陵 4/238

2050_1 犨

43犨城 3/185

2060_9 番

10番吾故城 2/103

2061_4 雒

62雒縣 4/204
78雒陰 1/28

2074_7 焞

62焞縣 2/69

2090_1 乘

72乘丘故城 3/117
乘氏縣 3/164

2093_2 穰

穰 4/193
62穰縣 4/193

2108_6 順

76順陽故城 4/193

2110_0 上

00上庸 4/203
上唐鄉故城 4/190
17上郡故城 1/48
30北宮 1/12
37上祿縣 4/220
上洛縣 4/200
44上蔡縣 3/134
47上邽縣 4/219
55上曲陽故城 2/99
26上縣 1/48

80上谷故城 2/108
90上黨縣 2/64

2110_8 衎

衎 3/175

2120_0 劇

43劇城 3/142

2121_1 徑

67徑路神祠 1/17

2121_4 偃

21偃師縣 3/170
43偃城 4/187

2121_7 虎

60虎圈 1/11

盧

01盧龍縣 2/110
32盧溪縣 4/243
62盧縣 3/144
72盧氏縣 3/111

2122_0 何

22何山 見何口山
60何口山(何山、金蓋山、金口山) 4/240

2122_1 行

00行唐縣 2/102

2122_7 庯

08庯施縣 1/43

2123_4 虞

27虞鄉縣 2/53
32虞州 2/53
41虞姬墓 4/214
43虞城(在陝州河北縣) 3/114
虞城(在宋州) 3/155
虞城縣 3/155

2124_0 虔

24虔化縣 4/236
32虔州 4/236

2128_6 頻

76頻陽故城 1/33

潁

12潁水(潁山泉) 3/173
22潁山泉 見潁水
78潁陰故城 3/124

2129_6 貗

38貗道故城 4/221

2131_7 虢

22虢山 3/112
32虢州 3/111
43虢城 1/35

2133_1 熊

10熊耳山(在虢州盧氏縣) 3/111
熊耳山(在商州上洛縣) 4/201
26熊繹墓 4/196

2143_0 衡

22衡山(岣嶁山) 4/237
衡山 見會稽山
30衡漳水 2/97
32衡州 4/236

2150_6 衞

32衞州 2/87
衞州城 2/87
40衞南縣 3/129
62衞縣 2/88

2171_0 比

10比干墓 2/88

2180_6 貞

40貞女山 見寡婦清臺山

2190_3 紫

40紫臺 見恒山

2191_1 經

43經城縣 2/93

2195_3 穢

21穢貊 4/252

2210_8 豐

12豐水 1/10
豐水渠(賀蘭渠) 1/11
30豐宫 1/24
62豐縣 3/126

2218_2 嶔

22嶔岑山　見二嶠山

2221_2 彪

34彪池 1/11

2221_4 任

43任城縣 3/123

2221_7 嵐

32嵐州 2/76

2222_1 鼎

22鼎山 4/205
60鼎足山　見牛山

2222_7 嵩

00嵩高山(太室山、外方山) 3/172
76嵩陽縣 3/173

巂

32巂州 4/208

2223_6 强

40强臺山　見西傾山

2224_1 岸

77岸門(西武亭) 3/157

2224_4 倭

60倭國 4/252

2227_0 仙

80仙人葬山 4/245

2229_3 緜

04緜諸城 4/219

2271_1 崑

22崑山　見濆山
崑崙山 4/225
崑崙山　見阿耨達山

2272_1 斷

53斷蛇山　見濆山

2276_9 嶓

37嶓冢山 4/199

2277_0 山

76山陽故城 2/79
山陽縣 4/216

幽

32幽州 2/104

豳

32豳州 1/40

2290_0 利

32利州 4/192

2290_4 樂

10樂平縣 2/76
27樂鄉縣 4/188

巢

37巢湖 4/214
62巢縣 4/214

2294_4 綏

32綏州 1/48

2320_0 外

00外方山　見嵩高山
12外水江　見大江

2320_2 參

80參合故城 2/71

2323_4 伏

01伏龍祠 1/28

2324_0 代

17代郡城 2/73
32代州 2/68

2324_2 傅

08傅説祠 3/114
78傅險(聖人窟) 3/114

2325_0 戲

12戲水 1/20

2342_7 艑

22艑山 見湘山

2350_0 牟

10牟平縣城 3/149

2360_4 咎

22咎繇墓 4/213

2371_1 崆

27崆峒山 見笄頭山

2377_2 岱

30岱宗 見泰山

2420_0 什

07什邡縣 4/204
40什賁故城 1/46

2421_0 化

43化城縣 4/200

壯

13壯武故城 3/149

2421_7 仇

48仇猶城 見盂縣外城

2423_1 德

32德州 2/95

2471_1 嶢

77嶢關 見藍田關

2474_7 岐

22岐山 1/38
岐山縣 1/37
32岐州 1/33

2492_7 絺

43絺城 2/77

2500_0 牛

22牛山(鼎足山、牛首堈) 3/140
80牛首池 1/13
牛首堈 見牛山

2520_0 仲

22仲山 見中山

2554_0 犍

20犍爲郡 4/207

2590_0 朱

21朱虚故城 3/143
80朱公冢 3/145

2592_7 秭

27秭歸縣 4/196

2598_6 積

10積石山(小積山) 4/222

2600_0 白

00白亭(在豫州褒信縣) 3/135
白亭(在許州扶溝縣) 3/160
01白龍水 2/100
10白石古城 2/95
12白登山 2/71
白登臺 2/71
白水 見絳水
白水山 見南嶼山
白水縣 1/32

2610_4 皇

2620_0 伯

2640_0 卑

2641_3 魏

2644_6 鼻

2674_1 嶧

2690_0 和

細

2692_7 綿

2694_7 稷

2712_7 歸

2713_2 黎

2722_0 向

2722_2 修

2724_7 殷

2725_2 解

2725_7 伊

2729_4 條

2732_7 烏

4/217
44烏蘇城　見閼與聚
72烏氏故城 1/41

鳥

77鳥鼠山(青雀山)4/221

2740_0 身

50身毒　見天竺

2740_7 阜

27阜將　見綿蔓水

2741_3 兔

60兔園 3/154

2742_7 鄒

43鄒城 3/122
62鄒縣 3/120

郫

31郫江(都江、市橋江、中江、内江) 4/203

2760_3 魯

22魯山縣 3/184
43魯城 3/158
魯城縣 2/99

2760_4 督

00督亢坡 2/104

2762_0 句

30句容縣 4/233

2762_7 鄱

76鄱陽縣 4/235

郇

43郇城 2/52

部

47部都城　見高都故城

2771_2 包

44包茅山 4/243

2772_0 勾

30勾注山(西陘山) 2/68

岣

25岣嶁山　見衡山

2774_7 岷

22岷山(在茂州汶川縣) 4/207
岷山 (在岷州溢樂縣) 4/223
32岷州 4/223

2780_6 負

20負黍亭 3/172

2790_1 祭

43祭城 3/174

2791_7 紀

40紀南故城 4/197

2792_7 邾

43邾城 4/218

2793_3 終

40終南山(中南山、太一山、南山、橘山、楚山、泰山、周南山、地腑山) 1/8

2793_4 緱

72緱氏故城 3/170
緱氏縣 3/170

2794_0 叔

33叔梁紇廟(尼丘山祠) 3/122

2795_4 絳

絳　見翼城
12絳水(白水、沸泉)2/56
32絳州 2/55
60絳邑故城 2/57
62絳縣 2/56

2824_7 復

12復水　見潛水

2829_4 徐

12徐水 2/107
17徐君廟 3/132
32徐州 3/125
43徐城 4/239
　徐城縣 3/131

2835_1 鮮

12鮮水　見合黎水

2896_6 繒

43繒城 3/166
62繒縣 3/166

3010_1 空

47空桐山 4/225

3010_7 宜

30宜安故城 2/102
32宜州 1/33
43宜城　見鄾城
44宜芳縣 2/76
50宜春宮 1/8
　宜春苑 1/8
　宜春故城 3/133
76宜陽城　見韓城

3011_3 流

31流江　見大江

3011_4 注

43注城 3/183

濰

22濰山 3/138

涶

21涶水(荆溪) 1/8

瀍

12瀍水 3/174

3011_6 澶

12澶水縣 2/87

3011_7 瀛

32瀛州 2/96
　瀛州城　見武垣縣

3012_3 濟

31濟源縣 2/79
32濟州 3/144
40濟南故城 3/152
76濟陽故城 3/164
78濟陰縣 3/163

3012_7 沛

30沛宮 3/126
62沛縣 3/126

滈

12滈水(鎬水) 1/10

3013_0 汴

31汴渠(莨蕩渠、通濟渠)
　3/177
32汴州 3/180
60汴口堰(梁公堰)3/177

3013_2 濠

32濠州 4/213

3014_0 汶

22汶川縣 4/207
31汶江　見大江

3014_6 漳

12漳水(源出洛州武安
　縣) 2/90
　漳水(濁漳水) 2/65
　漳水　見濁漳水

3014_7 淳

10淳于國城 3/138

3016_1 涪

32涪州 4/231

3019_6 涼

32涼州 4/224

3221_2 宛

20宛委山　見石箐山
72宛丘縣 3/123
74宛陵故城 3/178

3022_7 礽

60礽田 3/166

房

22房山縣 2/103
32房州 4/202
74房陵縣 4/202

窮

10窮石山　見蘭門山

寡

47寡婦清臺山(貞女山) 4/231

3023_2 永

22永樂縣 2/107
30永寧縣 3/116
　永安縣 4/231
32寧州 1/42
74寧陵縣 3/156

3026_1 宿

17宿豫縣 3/132
43宿城縣 3/156

3030_3 寒

77寒門(谷口) 1/15

3030_7 之

60之罘山 3/150

3040_4 安

10安平城 3/140
22安豐縣 4/212
24安德縣 2/95
26安息國 4/246
30安定縣 1/41
32安州 4/218
40安吉縣 4/242
43安城 3/178
　安城故城 3/133
47安都故城 2/97
60安邑縣 2/53
72安丘縣 3/138
74安陸縣 4/218
　安陵故城 1/18
76安陽故城 3/136
　安陽縣 2/82
77安興縣 4/197
80安養縣 4/187

3050_2 牢

44牢蘭海　見蒲昌海

3060_6 富

10富平津　見盟津
　富平故城 2/99
　富平縣 1/15
74富陵故城 4/217

3071_4 宅

76宅陽故城(北宅)3/176

3073_2 良

27良鄉縣 2/104

3077_2 密

10密雲縣 2/109
32密州 3/137
62密縣 3/179

3080_1 定

00定襄故城 2/70
　定襄縣 2/71
30定安縣 1/42
32定州 2/99
34定遠縣 4/213
　定城縣 4/210

3080_6 寶

20寶雞祠 1/36

竇

90竇少君墓 2/95

3090_4 宋

32宋州 3/153
　宋州城 3/153
43宋城縣 3/153

3111_0 江

12江水 4/223
20江乘故縣 4/233
30江寧縣 4/233
32江州 4/231
34江瀆祠 4/203
74江陵縣 4/196
77江關 4/189

3111_1 沅

74沅陵縣 4/243

涇

12涇水 1/45
76涇陽縣 1/24

3111_7 濡

48濡故城 4/213

3112_0 河

10河西縣 1/32
11河北縣 3/114
12河水 1/39
32河州 4/222
40河内縣 2/77
　河南城　見王城
　河南縣 3/167
50河東縣 2/51
60河目縣故城 1/47
76河陽縣 2/80
77河間縣 2/96
78河陰縣（阿陰縣）
　3/169

3112_7 馮

07馮翊城　見同州
　馮翊縣 1/28

沔

31沔江　見漢江

灞

12灞水（滋水、藍谷水）
　1/21

3113_2 涿

00涿鹿山 2/109
　涿鹿故城 2/109

3114_0 汧

12汧水 1/39
22汧山 1/39
31汧源縣 1/39
43汧城 1/39

3114_6 潭

32潭州 4/230

3116_0 酒

20酒香山 4/234
26酒泉縣 4/225
34酒池 2/89

3116_1 灊

12灊水（復水、龍門水）
　4/192

3126_6 福

37福禄縣 4/225
60福昌縣 3/117

3190_4 渠

22渠山　見雷首山

3211_3 洮

32洮州（臨洮郡） 4/224

3211_8 澄

43澄城縣 1/30

3212_1 沂

32沂州 3/166

漸

40漸臺 1/13

3213_4 濮

12濮水 3/165
32濮州 3/146
76濮陽縣 3/148

3216_3 淄

22淄川縣 3/151
32淄州 3/151

3216_9 潘

潘(在商州上洛縣) 4/201
潘(嬀州城) 2/108

3310_0 沁

31沁源縣 2/66
32沁州 2/66

3311_0 沇

12沇水 2/82

3314_7 浚

28浚儀縣 3/180

3390_4 梁

22梁山(在同州韓城縣) 1/32
梁山(在鄆州壽張縣) 3/156
梁山宫(望宫山) 1/26
梁山原 1/31
32梁州 4/198
43梁城(南梁) 3/182
梁城(黑狐聚) 3/183
62梁縣 3/182
72梁丘故城 3/161
80梁父山 3/122
梁公堰 見汴口堰
90梁雀塢 見承休城

3402_7 爲

22爲山 見摩笄山

3412_0 泑

36泑澤 見蒲昌海

3412_7 洧

12洧水 3/179

3413_2 溹

12溹水 1/38
31溹渠 1/11
37溹沮水 見洛水
60溹園故城 3/164

3413_4 漢

00漢文帝陵 見霸陵
12漢水(沔江) 4/199
40漢太上皇陵 1/23
60漢景帝陵 見陽陵

3414_0 汝

12汝水(濆水) 3/184
32汝州 3/182
43汝城 見鳴上故關
76汝陽縣 3/132

3418_1 洪

37洪洞縣(楊城) 2/61

滇

34滇池 見滇池澤
滇池澤(滇池) 4/210

3418_6 濆

12濆水 見汝水
22濆山(崑山、斷蛇丘) 4/190

3512_7 清

12清水縣 4/220
31清源縣 2/74
34清池縣 2/98
34清淇縣 2/89
76清陽故城 2/93
清陽縣 2/92

沸

26沸泉 見絳水

3520_6 神

67神明臺 1/13

3530_0 連

80連谷縣 1/47

3610_0 泗

12泗水 3/122
泗水亭 3/126
泗水縣 3/121
32泗州 3/131

湘

22湘山(艑山) 4/234
31湘潭縣 4/237
78湘陰縣 4/234

3611_1 涅

76涅陽故城 4/193

3611_7 温

26温泉水(鄠水) 3/171
32温州 4/192
43温城 2/81
62温縣 2/81

3612_7 渭

12渭水 4/221
31渭源縣 4/221
32渭州 4/221
40渭南故城 1/19
渭南縣 1/19
42渭橋(横橋) 1/22
43渭城(横橋) 1/18
渭城 見武平亭
渭城 見咸陽故城
76渭陽五帝廟 1/19

濁

12濁水 2/54
30濁漳水(在相州滏陽縣) 2/84
濁漳水 見漳水
濁漳水(漳水、柳河) 2/92

湯

37湯冢(在曹州薄城) 3/163
湯冢(在洛州偃師縣) 3/170
40湯臺 1/22
74湯陵 1/15

3614_1 澤

32澤州 2/66

3618_0 浿

72浿丘 3/140

3621_0 祝

71祝阿縣 3/151

3710_7 盗

61盗跖冢 3/115

3711_0 沮

12沮水(在濮州雷澤縣) 3/147
沮水(石川水) 1/15

3711_2 氾

43氾城 3/158

3711_6 澠

34澠池縣 3/116

3711_7 汜

12汜水 3/180
汜水縣 3/179

3712_0 洞

00洞庭山 見君山
洞庭湖 4/234

湖

12湖水 3/111
32湖州 4/240
43湖城縣 3/111

74湖陵山 4/241

潤

32潤州 4/232

澗

12澗水 3/174

3712_7 滑

32滑州 3/128
滑州故城 3/128

鴻

21鴻上水 2/101

澝

12澝水(石壁谷水、高都水) 1/14

3713_6 漁

76漁陽故城 2/109
漁陽縣 2/105

3714_6 潯

76潯陽縣 4/231

3714_7 汲

48汲故城 2/88
62汲縣 2/87

3716_0 洺

32洺州 2/89

3716_4 洛

00洛交縣 1/43
12洛水(在商州洛南縣) 4/201
洛水(漆沮水) 1/49
31洛源縣 1/49
32洛州 3/167
40洛南縣 4/201
76洛陽故城 3/168
洛陽縣 3/168

潞

32潞州 2/64

3719_4 深

32深州 2/96

3721_4 冠

72冠氏縣 2/85

3722_0 初

60初羅漫山 見天山

3722_7 祁

35祁連山 4/226
43祁城 3/155
62祁縣 2/74
祁縣城 2/75

3730_2 過

過 見過鄉亭
27過鄉亭(過) 3/149

通

10通天臺 1/17
24通化山(精石山) 4/205
30通濟渠 見汴渠

3730_4 逢

34逢池 見逢澤
36逢澤(逢池) 3/180

3741_3 寃

77寃朐縣 3/164

3752_7 鄆

32鄆州 3/156

3772_7 郎

00郎亭 3/127
32郎州 4/209

3782_7 郹

43郹城 3/115

3792_7 鄴

62鄴縣 2/83

3811_7 溢

22溢樂縣 4/223

3811_9 滏

76滏陽縣 2/84

3812_1 渝

32渝州 4/202

3812_7 汾

12汾水 2/77
32汾州 2/54
78汾陰故城(殷湯城) 2/60
汾陰縣 2/60

瀚

38瀚海 4/227

3813_2 滋

12滋水 見灞水

3814_0 漵

33漵浦縣 4/243

3815_7 海

34海渚 4/215

3816_6 澮

00澮高山(澮山) 2/59
12澮水 2/58
22澮山 見澮高山

3816_7 滄

32滄州 2/98
33滄浪水 4/200

3819_4 滁

32滁州 4/216

3830_3 遂

43遂城縣 2/107
47遂都縣 4/209

3830_6 道

32道州 4/237

3912_0 沙

32沙州 4/228
沙祇大國(舍衛國) 4/247
72沙丘臺 2/92

3915_0 泮

30泮宮 3/119

3918_0 湫

80湫谷水 1/42

4001_7 九

11九頭山 4/216
22九嶷山 4/237
55九曲城 3/173
77九卿陂 見荷澤

丸

22丸山(丹山) 3/142

4003_0 大

10大夏 2/73
17大邳山(黎陽東山、青壇山) 2/86
28大徐城 3/131
30大寧城 2/79
31大江(汶江、管橋水、流江、外水江) 4/203
大河祠 1/29
40大索城 見滎陽縣
44大荔城 見同州
50大秦國 4/245
55大棘故城 3/156
67大明城 見太原
74大陵城 2/75

太

00太康縣 3/124
10太一山 見終南山
太一宮 見恒山
太王城 見周城
21太上皇廟 1/14
太行山 2/77
26太伯冢 4/242
30太室山 見嵩高山
37太湖 見笠澤
71太原(大明城、晉陽城) 2/73
太原縣 2/73

80太公亭　見項羽堆

4010_0 土

77土門縣 1/33

4010_7 壺

60壺口山 2/63

4013_2 壤

27壤鄉 1/26

4021_1 堯

43堯城 3/146
74堯陵 3/147
77堯門山(石門) 1/14

4022_7 内

27内鄉縣 4/195
31内江　見郫江
44内黄縣 2/86

南

07南郊故城 1/30
13南武城　見武城
22南山　見終南山
南利故城 3/134
27南條城　見蓧城
南嶼山(白水山)4/242
30南宫 3/169
33南梁　見梁城
35南津(石濟津、棘津) 2/88
40南皮城 2/98
南皮縣 2/98
44南芮鄉故城 1/28
南燕城 3/129
51南頓縣 3/124
74南陵故縣 1/7
76南陽縣 4/194
南陽縣故城 4/194
87南鄭縣 4/198

4024_7 皮

72皮氏故城 2/59

4030_0 寸

55寸棘山　見雷首山

4033_1 赤

01赤龍渦 3/148
70赤壁山 4/232

4040_0 女

74女陵山 3/118

4060_1 吉

60吉昌縣 2/63

4064_1 壽

11壽張縣 3/156
30壽安縣 3/173
壽宫 1/12
32壽州 4/212
60壽昌縣 4/228
90壽光縣 3/142

4071_6 奄

44奄蔡國 4/245
60奄里 3/118

4080_1 真

30真定縣 2/102
76真陽縣 3/136

4090_0 木

47木棚 4/205

4091_7 檀

32檀州 2/109
40檀臺 2/90

杭

32杭州 4/240

4111_6 垣

43垣城 2/56
62垣縣 2/56

4194_6 梗

76梗陽故城 2/74

4212_2 彭

21彭衙故城 1/33

22彭山縣 4/205
27彭蠡湖 4/231
43彭城 3/125
彭城縣 3/125
76彭陽故城 1/41

4220_0 蒯

00蒯亭 3/168

4223_0 狐

80狐父亭 3/154

瓠

17瓠子宫 見龍淵宫
50瓠中 見焦穫
60瓠口 見焦穫

4240_0 荆

22荆山(掘陵原) 1/15
荆山(在襄州荆山縣) 4/188
荆山縣 4/188
32荆州 4/196
荆溪 見滻水

4241_3 姚

32姚州 4/209
41姚墟(在濮州雷澤縣) 3/147
姚墟(在越州餘姚縣) 4/239
43姚城縣 4/209

4282_1 斯

30斯賓國 4/245

4291_3 桃

27桃侯故城 3/130
44桃林 3/113
桃林縣 3/113

4292_1 析

43析城山 2/68

4299_4 櫟

76櫟陽宫 1/23
櫟陽故城(萬年城) 1/23
櫟陽縣 1/23

4303_0 犬

72犬丘故城(槐里、廢丘) 1/22

4304_2 博

07博望故城 4/194
32博州 2/93
43博城 3/120
博城縣 3/120
60博昌縣 3/143

4315_0 城

60城固縣 4/199
80城父故城 3/159
城父縣 3/136

4323_2 狼

17狼孟故城 2/75

4345_0 戟

60戟里城 3/140

4346_0 始

10始平縣 1/22

4354_4 鞍

43鞍城(馬鞍城) 3/144

4380_5 越

22越嶲縣 4/208
32越州 4/238

4385_0 戴

32戴州 3/161

4395_0 棫

76棫陽宫 1/39

檝

22檝山(稷山) 2/238

4410_0 封

01封龍山(飛龍山)2/103

4410_1 芷

76芷陽 1/21

4410_7 藍

60藍田山 1/21
藍田縣 1/21
藍田關(嶢關) 1/21
80藍谷水 見灞水

4411_2 范

76范陽縣 2/104

地

73地脯山 見終南山

4412_7 蒲

32蒲州 2/51
41蒲坂故城 2/51
42蒲圻縣 4/232
43蒲城 3/131
蒲城縣 1/29
44蒲萄宫 1/12
60蒲昌海(泑澤、鹽澤、輔日海、牢蘭海、臨海) 4/228
蒲邑故城(蒲陽) 2/63
76蒲陽 見蒲邑故城

4414_2 薄

22薄山 見雷首山
44薄姑故城 3/143
77薄骨律鎮城 1/45

4414_7 鼓

43鼓城縣 2/101

濩

36濩澤縣 2/68

4420_7 考

43考城縣 3/165

4422_1 荷

36荷澤(龍池、九卿陂) 3/163

猗

72猗氏縣 2/52

4422_2 茅

茅 2/79
35茅津 3/114
43茅城 3/114

4422_7 芮

43芮城 3/115
芮城縣 3/115

蕭

21蕭何墓 1/19
62蕭縣 3/125
77蕭關(隴山關) 1/44

蘭

32蘭州 4/222
34蘭池陂 1/18
40蘭臺府 見恒山
77蘭門山(合黎山、窮石山) 4/227

4423_2 蒙

22蒙山 4/206
36蒙澤城 見貫城

4424_0 蔚

32蔚州 2/72

4424_7 葭

44葭萌 4/192

葰

80葰人故城 2/69

獲

09獲麟堆 3/162
40獲嘉縣 2/79

4425_3 茂

32茂州 4/207

4426_0 猪

22猪山 見雷首山

4429_4 蓧

43蓧城(南條城) 2/95

4432_0 薊

62薊縣 2/104

4433_1 燕

22燕山 2/106
燕樂縣 2/109
77燕留故城 2/98

4433_2 葱

22葱嶺 見葱嶺山
葱嶺山(葱嶺) 4/249

4439_4 蘇

32蘇州 4/242
34蘇對沙那國 見率都沙那國

4440_0 艾

22艾山 3/121

4440_1 莘

60莘國 3/181

4442_7 萬

60萬里沙(在華州鄭縣) 1/27
萬里沙(在萊州掖縣) 3/149
80萬年城 見櫟陽故城
萬年縣 1/7

嬀

12嬀水 2/108
32嬀州 2/108
嬀州城 見潘
34嬀汭水 2/52

4443_0 葵

72葵丘(在青州臨淄縣) 3/140
葵丘(在曹州考城縣) 3/165

樊

62樊縣城 3/118

4445_6 韓

43韓城(宜陽城) 3/117
韓城 見韓原
韓城縣 1/30
71韓原(韓城) 1/30

4446_0 姑

23姑臧縣 4/224
44姑蔑故城 3/122

4450_4 華

22華山 1/27
32華州 1/26
34華池 1/32
華池縣 1/49
43華城 3/175
76華陽臺 見恒山
華陽城 3/174
78華陰縣 1/27

4452_1 蘄

80蘄年宮 1/34

4453_0 英

40英布冢 4/236

4460_1 昔

76昔陽故城(陽城) 2/76

耆

77耆闍崛山 見靈鷲山

4460_4 苦

44苦菜山 見黄城山
62苦縣 3/137

4460_6 莒

62莒縣 3/138

4470_0 斟

17斟尋故城 3/143
34斟灌故城 3/142

4472_7 葛

43葛城(依城、西阿城) 2/97
74葛陂鄉 3/135

4473_2 莨

44莨蕩渠 見汴渠

4474_1 薛

43薛城 3/127

4477_0 甘

26甘泉山(石鼓原、磨石嶺) 1/16
32甘州 4/226
43甘城 3/167
50甘棗 見雷首山

4480_1 楚

13楚武王冢 3/135
22楚山 見商坂
楚山 見終南山
32楚州 4/216
67楚昭王城 4/190
楚昭王故城 4/188
72楚丘 3/129
楚丘縣 3/162

4480_6 黄

00黄帝泉 見阪泉
黄帝陵 1/43
22黄山 見穀城山
32黄州 4/218
33黄浦(庚浦、康浦) 4/241
43黄城(在魏州冠氏縣) 2/85
黄城(在曹州考城縣) 3/165
黄城山(苦菜山)3/160
60黄國故城 4/211
62黄縣 3/149
黄縣故城 3/149
74黄陵廟 4/234
77黄岡縣 4/218
80黄金山 4/231

4490_1 蔡

76蔡陽 3/134

4490_4 茶

22茶川水 4/205
茶山 4/236
32茶溪 4/236

葉

62葉縣(葉陽) 3/159
76葉陽 見葉縣

4490_8 萊

32萊州 3/149

4491_0 杜

21杜衍故縣 4/194
37杜祠 1/14
74杜陵故城 1/8

4491_4 桂

43桂城(桂陵) 3/164
74桂陵 見桂城

4496_0 枯

27枯絳渠 2/93

4498_6 横

42横橋 見渭橋
横橋(在宋州宋城縣) 3/153
77横尾山(陪尾山)4/218

4499_0 林

21林慮縣 2/84

4559_0 鞢

46鞢鞨國(挹婁、肅慎)

4/251

4594_4 樓

91樓煩 2/69

4621_0 覲

32覲州 2/95
35覲津城 2/94
36覲澤故城 2/85
43覲城縣 2/86

4622_7 獨

獨頭山 見雷首山

4680_6 賀

44賀蘭渠 見豐水渠

4690_0 柏

30柏寢臺 3/142
33柏梁臺 1/13
80柏人故城 2/92
柏人縣 2/92

相

32相州 2/82
43相城 3/128

梱

76梱陽縣 1/48

4691_3 槐

60槐里 見犬丘故城

4692_7 楊

43楊城 見洪洞縣

4712_0 均

32均州 4/200
均州故城 4/190

4722_7 鶴

43鶴城 3/131

4742_0 朝

17朝那湫祠 1/44
朝那故城 1/45
朝歌故城(殷虛) 2/87 2/89
28朝鮮 4/251
60朝邑縣 1/28
76朝陽故城 4/193

4744_7 好

64好畤城 1/26
好畤縣 1/26
76好陽澗 3/113

4762_0 胡

00胡亥陵 1/8
43胡城 3/134

4762_7 都

22都山 見孤山
31都江 見郫江
67都野澤 4/224
74都尉城 見趙鄣故城

4772_7 却

47却胡臺 見磁石門

邯

67邯鄲縣 2/90
80邯會城 見伯陽故城

4782_0 期

60期思故城 4/211

4782_7 郯

43郯城縣 3/185

4791_2 枹

37枹罕縣 4/222

4792_0 桐

46桐柏山 3/117
桐柏縣 3/117

柳

31柳河 見濁漳水

4792_7 橋

22橋山 見終南山

4794_7 穀

04穀熟縣 3/155

32穀州 3/116
43穀城(在澤州高平縣) 2/67
穀城(在洛州河南縣) 3/167
穀城山(黄山) 3/145
穀城故城 3/145

4810_7 盩

71盩厔縣 1/25

4824_0 散

77散關 1/36

4841_7 乾

31乾河 2/56

4864_0 故

30故安河　見易水
故安故城 2/106

敬

43敬城　見桑丘故城

4892_1 榆

37榆次縣 2/74
44榆林縣(榆中) 1/47
50榆中　見榆林縣

4893_0 松

31松江　見笠澤江

4895_7 梅

22梅嶺 4/236
60梅里 4/235

4980_2 趙

07趙鄣故城(都尉城、趙東城) 2/67
10趙王遷墓 4/202
趙西壘 2/67
13趙武靈王墓 2/72
趙武靈王長城 2/70
43趙城縣 2/62
50趙東城　見趙鄣故城
趙東壁　見趙壁
趙東長壘　見趙壁
70趙壁(趙東壁、趙東長壘) 2/67

5000_6 中

00中廬 4/188
22中山(仲山) 1/17
中山故城(中人亭) 2/100
27中條山 2/82
中條山　見雷首山
31中江　見郫江
40中南山　見終南山
47中都故城 2/55
76中陽故城　見西陽
80中人亭　見中山故城

申

32申州 4/211
43申城 4/194

5003_2 夷

74夷陵縣 4/191

5004_7 掖

62掖縣 3/149

5013_2 泰

22泰山(岱宗、東岳、東嶽) 3/121
泰山　見終南山
32泰州 2/59

5022_7 青

32青州 3/139
40青壇山　見大邳山
90青雀山　見鳥鼠山

肅

32肅州 4/225
94肅慎　見靺鞨國

5050_3 奉

67奉明縣 1/14

5071_7 屯

77屯留故城 2/64

5090_0 未

5090_2 棗

5090_4 秦

橐

5090_6 東

5104_0 扞

5178_6 頓

5202_1 斬

5302_7 輔

5320_0 成

咸

臧

5340_0 戎

5403_8 挾

5500_0 井

井陘縣 2/103

5503_0 扶

35扶溝縣 3/160
47扶柳故城 2/94
77扶風縣 1/39

5560_0 曲

12曲水縣 4/229
27曲阜縣 3/118
曲阜縣外城 3/118
32曲沃故城 3/112
曲沃縣 2/56
38曲逆 2/101
76曲陽故城 2/80
77曲周故城
曲周縣 2/90

5560_6 曹

32曹州 3/163
50曹由洲 4/234
76曹陽故亭(好陽亭) 3/113

5580_6 費

62費縣 3/166

5580_9 僰

38僰道縣 4/207

5599_2 棘

35棘津 見南津
77棘門 1/18

5601_7 挹

50挹婁 見靺鞨國

5602_7 揚

32揚州 4/215

5603_2 轘

54轘轅故關 3/171

5608_0 軹

43軹城 2/79
48軹故亭 1/9

5707_2 掘

74掘陵原 見荆山

5722_7 郲

43郲城 3/121

5725_7 静

22静樂縣 2/77

5824_0 敖

80敖倉 3/176

6011_1 罪

98罪悦祇國 見王舍國

6021_0 見

17見子陵 見秦莊襄王陵

6022_7 易

12易水(故安河、北易水) 2/106
32易州 2/106
62易縣 2/106
易縣故城 2/106

圃

60圃田澤 3/175

6033_1 黑

12黑水(源出梁州城固縣) 4/199
黑水(源出伊州伊吾縣) 4/229

6034_3 團

00團亭港 4/215

6040_1 圉

43圉城 3/182

6040_4 晏

66晏嬰冢 3/141

6043_0 吴

07吴望山 見西顧山

10吴王濞冢 4/233
22吴山　見雷首山
30吴房縣 3/133
44吴芮墓 4/230
吴芮故城 4/230
62吴縣 4/242

6050_4 畢

71畢原 1/8

6060_0 回

50回中宫 1/34
60回星　見綿萝水

吕

32吕州 2/61
43吕城 4/194

昌

10昌平山 3/122
昌平故城 2/104
昌平縣 2/105
22昌樂縣 2/85
30昌寧縣 2/63
43昌城 3/152
昌城故城 2/94

6060_4 固

30固安縣 2/105
43固始縣 4/211
74固陵 3/124

6071_1 昆

32昆州 4/210
67昆明池 1/11
昆明觀 1/13
昆明縣 4/208
76昆陽故城 3/159

6080_0 貝

32貝州 2/92

6080_6 圓

72圓丘 1/12

6090_6 景

00景亳 3/154

6091_4 羅

22羅川縣 2/42
羅山縣 4/212
62羅縣城 4/235

6104_0 盱

63盱眙縣 4/216

6314_7 跋

37跋禄迦國 4/246

6509_0 味

62味縣 4/209

6624_8 嚴

38嚴道縣 4/206

6633_4 嬰

42嬰狐聚　見梁城

6640_7 矍

46矍相圃 3/119

6702_0 明

90明堂 1/12

6702_7 鳴

21鳴上故關(汝城)
2/101
27鳴條陌　見高涯原
36鳴澤 2/104

6710_7 盟

35盟津(孟津、富平津)
2/80

6712_2 野

10野王 2/78
40野臺(義臺)
2/100
80野人塲 1/35

6712_7 郢

43郢城 4/197

6722$_7$ 鄂

32鄂州 4/232
43鄂城 2/63

6832$_7$ 黔

50黔中故城 4/243

7021$_4$ 雅

32雅州 4/206

雕

78雕陰縣 1/43

7022$_7$ 防

22防山 3/119
74防陵城 2/83

7024$_1$ 辟

76辟陽故城 2/94

7026$_1$ 陪

77陪尾山 見横尾山

7121$_1$ 歷

00歷亭縣 2/93
22歷山(在濮州雷澤縣) 3/147
歷山(在越州餘姚縣) 4/239
歷山 見雷首山
43歷城縣 3/151
62歷縣城 2/96
76歷陽縣 4/217

陘

00陘庭故城 2/57
22陘山 3/179

隴

22隴山關 見蕭關
32隴州 1/39

7121$_4$ 雁

77雁門縣 2/68

7122$_0$ 阿

22阿鑾國 4/245
30阿房宫(阿城) 1/11
43阿城 見阿房宫
51阿耨達山(建末達山、崑崙山) 4/247
78阿陰縣 見河陰縣

7122$_7$ 厲

22厲山 4/190

7123$_2$ 辰

32辰州 4/243

7124$_7$ 阪

26阪泉(黄帝泉) 2/108

7126$_1$ 磿

30磿室宫 2/104

7129$_6$ 原

10原平故城 2/69
13原武縣 3/177
24原仇城 見孟縣外城
32原州 1/44
37原過祠 見三神祠
43原城 2/80

7131$_1$ 驪

22驪山 1/20
53驪戎故城 1/20

7132$_7$ 馬

43馬鞍城 見鞍城
44馬蘭溪水 2/109
77馬門原 見高門原
馬服山 2/90

7171$_1$ 匡

43匡城縣 3/131

7173$_2$ 長

10長平故城(在澤州高平縣) 2/67
長平故城(在陳州宛丘

7210_0 劉

7220_0 剛

7223_7 隱

7240_0 删

7277_2 岳

7420_0 尉

7423_2 隨

7423_8 陜

7529_6 陳

7622_7 陽

髑

7623_2 隰

7712_1 闢

7720_7 尸

7721_0 鳳

32鳳州 4/191

7721_1 尼

72尼丘山祠　見叔梁紇廟

7721_7 肥

60肥纍故城 2/102
74肥陵故縣 4/212

7722_0 同

30同安縣 4/215
　同官縣 1/33
32同州(臨晉城、大荔城、馮翊城) 1/28
80同谷縣 4/221

周

00周文王墓 1/8
13周武王墓 1/8
40周南山　見終南山
43周城(在汴州雍丘縣) 3/182
　周城(美陽城、太王城) 1/25
76周陽故城 2/57
80周公城 1/37
　周公墓 1/19

陶

22陶山 3/145
25陶朱公冢 3/164
43陶城 2/52
72陶丘 3/146

7722_2 膠

12膠水縣 3/150

7722_7 鄅

62鄅縣 1/37
　鄅縣故城 1/37

邱

00邱亭 3/156

7723_3 閼

77閼與聚(烏蘇城) 2/65
　閼與山 2/66 2/90

7725_4 降

12降水 2/65

7726_4 居

12居延海 4/226
　居延縣故城 4/226

7726_7 眉

32眉州 4/205

7736_4 駱

80駱谷關 1/25

7740_1 聞

40聞喜縣 2/57

7744_0 丹

22丹山　見丸山
24丹徒故城 4/232
　丹徒縣 4/232
43丹城 4/195
76丹陽城 4/196
　丹陽故國 4/196

7748_2 闕

60闕里(在兗州曲阜縣) 3/118
　闕里(在兗州泗水縣) 3/122

7760_2 留

43留城 3/126

7760_6 閶

77閶門 3/140

7760_7 間

71間原 3/114

7771_7 巴

17巴子城 4/193
22巴山縣 4/191
32巴州 4/200
50巴東縣 4/196
62巴縣 4/202
72巴丘湖 4/234
74巴陵縣 4/234

7772_0 卽

60卽墨故城 3/150
卽墨縣 3/149

7772_7 鄖

43鄖城(宜城) 4/187
鄖城縣 3/133

7780_6 貫

43貫城(蒙澤城) 3/163

7782_7 鄮

62鄮縣 4/239

7790_4 桑

72桑丘故城 (敬城) 2/107

7810_7 鹽

22鹽山縣 2/98
32鹽州 1/46
36鹽澤 見蒲昌海
72鹽氏故城(司鹽城) 2/53

7821_1 胙

43胙城縣 3/129

7823_1 陰

22陰山 2/70
30陰安故城 2/85
30陰密故城 1/41
74陰陵縣故城 4/213

7829_8 鄰

43鄰城(武功城) 1/25

7876_6 臨

10臨晉城 見同州
27臨鄉故城 2/105
30臨漳縣 2/83
31臨涇縣 1/41
臨潭縣 4/223
32臨洮郡 見洮州
臨沂縣 3/166
臨淄縣(齊城) 3/139
35臨津 見延津
37臨洺縣 2/90
38臨海 見蒲昌海
臨汾故城 2/55
臨汾縣 2/60
44臨蒸縣 4/236
77臨朐縣 3/142

7922_7 勝

32勝州 1/47

7923_2 滕

62滕縣 3/127

8000_0 人

28人復縣 4/189

8010_4 全

47全椒縣 4/216

8010_7 益

30益寧縣 4/210
32益州 4/203
47益都縣 3/139
60益昌縣 4/192
益昌縣 4/205

8010_9 金

25金牛縣 4/199
27金鄉縣 3/162
43金城縣 4/222
44金蓋山 見何口山
60金口山 見何口山
76金隄(千里隄) 3/129

釜

22釜山 2/108

8012_7 鎬

鎬 1/9
12鎬水 見滈水
26鎬泉(鎬池) 1/28
34鎬池 見鎬泉

8021_1 羌

50羌中 4/224
80羌谷水 見合黎水

8022_0 介

24介休縣 2/55

8024_7 夔

32夔州 4/189

8025_1 舞

76舞陽故城 3/159

8030_7 令

42令狐故城 2/52

8033_1 無

45無棣縣 2/99
64無時山 4/244
86無錫縣 4/235

8033_3 慈

32慈州 2/63
44慈姥山 4/233

8043_0 美

76美陽城 見周城

羹

41羹頡山 2/108

8044_1 并

32并州 2/73

8050_1 羊

76羊腸坂道 2/78

8055_3 義

35義清縣 4/188
40義臺 見野臺

8060_1 合

27合黎水(羌谷水、鮮水、覆表水、副投河、張掖河) 4/226
合黎山 見蘭門山
32合州 4/193

首

76首陽山 見雷首山

普

37普潤縣 1/38

8060_4 舍

21舍衛國 見沙祇大國

8060_5 善

76善陽縣 2/69

8060_6 會

23會稽山(衡山) 4/238
會稽縣 4/238

8060_8 谷

60谷口 見寒門
谷口故城 1/15
76谷陽縣 3/136

8073_2 兹

26兹泉水 1/38

8111_7 鉅

67鉅野 3/162
鉅野縣 3/162

8211_4 鍾

00鍾離故城 3/167
鍾離國故城 4/213
鍾離縣 4/213
22鍾山 見伊闕山
鍾山縣 4/211

8315_0 鐵

44鐵勒國 4/250
72鐵丘 3/129

8315_3 錢

40錢塘縣 4/240

8471_1 饒

32饒州 4/235
76饒陽縣 2/96

8490_0 斜

12斜水 4/198

8660_0 智

43智城 2/53

8711_0 鉏

43鉏城 3/129

8712_0 銅

22銅山(在雅州滎經縣) 4/206
銅山(在潤州句容縣) 4/234
銅山(在湖州烏程縣) 4/240
46銅鞮故城 2/65
銅鞮縣 2/65

鈎

43鈎弋宫 1/12
鈎弋夫人陵 見雲陽陵

8713_2 銀

43銀城縣 1/47

8722_7 郇

43郇城 2/95

8742_0 朔

00朔方縣 1/46
32朔州 2/69
朔州城 2/70

8742_7 鄭

32鄭州 3/174
48鄭故城 1/26
62鄭縣 1/26

邾

43邾城 3/143

8762_2 舒

舒 4/215
32舒州 4/215
43舒城縣 4/214

8762_7 鄶

43鄶城 3/178

部

76部陽故城 1/32

8810_8 笠

36笠澤(太湖) 4/242
笠澤江(松江) 4/243

8821_1 笮

32笮州 4/209

8822_0 竹

22竹山縣 4/202

8824_0 符

00符離縣 3/128
符離縣城 3/128

8844_1 笄

11笄頭山(崆峒山) 1/44

8877_7 管

25管仲冢 3/141
42管橋水 見大江
43管城縣 3/174

8879_4 餘

42餘姚縣 4/239

8890_3 繁

31繁江水 4/204

64繁畤縣 2/69
76繁陽故城 2/87

8896_1 籍

44籍姑故城 1/31

9000_0 小

10小平城 見新城
12小孤石 4/249
25小積山 見積石山
30小寧城 2/79
40小索故城 3/175
44小黄故城 3/181
80小人國 4/250

9003_2 懷

24懷德故城 1/29
32懷州 2/77
43懷城 2/78
53懷戎縣 2/108

9010_4 堂

60堂邑縣 2/94

9020_0 少

33少梁故城 1/30

9021_1 光

32光州 4/210
43光狼故城 2/67

9022_7 常

22常山故城 2/102
32常州 4/235

9060_6 當

43當城 2/71

9071_2 卷

43卷城 3/177

9080_0 火

22火山國 4/249
44火林山 4/250

9090_4 棠

28棠谿故城 3/134

9101_6 恒

22恒山(北岳、蘭臺府、列女宫、華陽臺、紫臺、太一宫) 2/100
32恒州 2/102
76恒陽縣 2/99

9592_7 精

10精石山 見通化山

9884_0 燉

96燉煌縣 4/228

9923_2 滎

36滎澤縣 3/177
76滎陽故城 3/177
滎陽縣(大索城)3/175

9960_6 營

38營道縣 4/237
72營丘 3/141
74營陵故城 3/143

9990_4 榮

21榮經縣 4/206